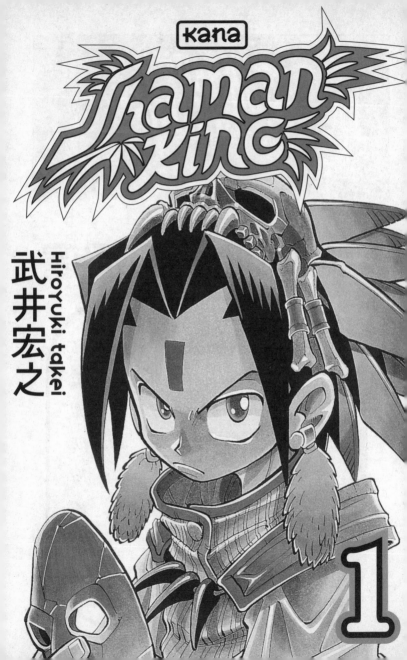

SOMMAIRE

Épisode 1	Celui qui danse avec les fantômes	5
Épisode 2	L'attente du samouraï	57
Épisode 3	Le mystère de la pancarte	81
Épisode 4	Soul boxing !	101
Épisode 5	Samouraï body-guard	121
Épisode 6	L'autre Shaman	141
Épisode 7	Shaman X Shaman	163
Épisode 8	Hyöi 100	183

LES ÂMES DES DÉFUNTS EN PERDITION...

... ERRANT DANS LES PLAINES ET LES FORÊTS...

ET ENFIN, LES CIEUX. -

DES HOMMES ONT LE POUVOIR DE DÉPLOYER, DANS NOTRE MONDE UNE FORCE INSOUPÇONNÉE.

CELLE DE COMMUNIQUER AVEC LE MONDE DES DÉFUNTS.

ON LES APPELLE...

... LES SHAMANS.

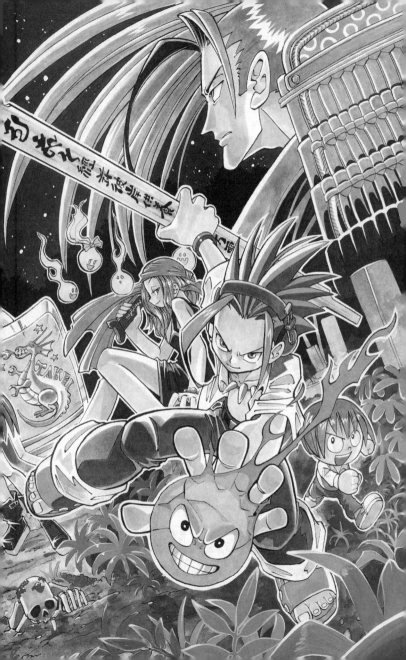

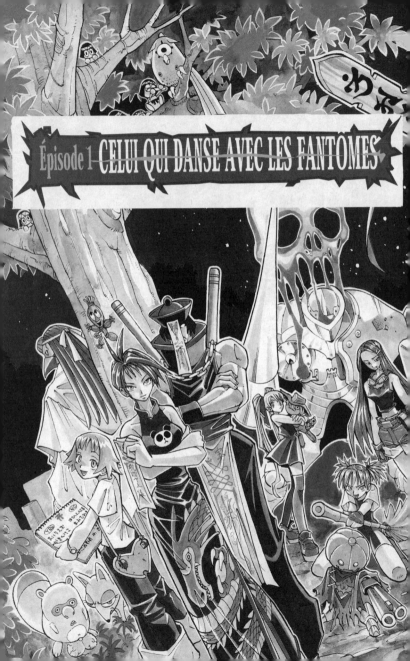

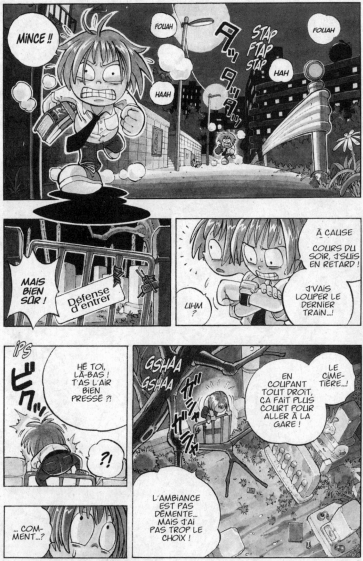

8

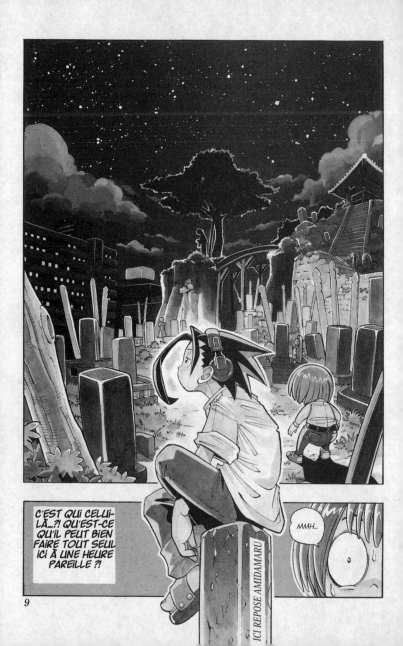

SHAMAN
KING
1

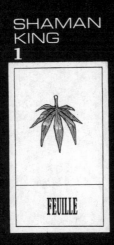

FEUILLE

J'T'AI DIT D'ATTENDRE !

UN FAN- TÔ- ME ...?!

JE... JE RÊVE ...?

J'AI PAS LE TEMPS DE DIVAGUER !

EN PLUS, JE VAIS RATER MON ÉMISSION !

PLOMP

VISH

UWA- AARPS !!!

KUBIZUKA BASHI

!

ON VA REGARDER ÇA TOUS ENSEMBLE.

TU VOIS ? C'EST UNE BELLE NUIT ÉTOILÉE. TU DEVRAIS RESTER ICI POUR LA REGARDER.

OUI, TOUS ENSEMBLE.

PLOC

ET EN PLUS "TOUS ENSEMBLE", ÇA NE SE DIT PAS... ON N'EST QUE DEUX.

IL EST BIZARRE CE MEC. QU'EST-CE QU'IL A ?

DES ÉTOILES ?!

REGARDER DES ÉTOILES, POUR QUOI FAIRE ?

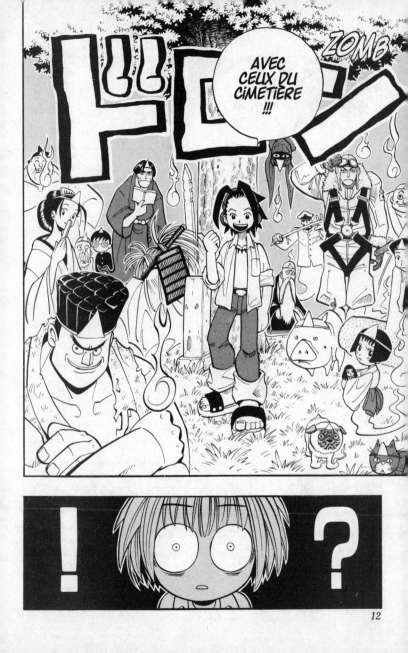

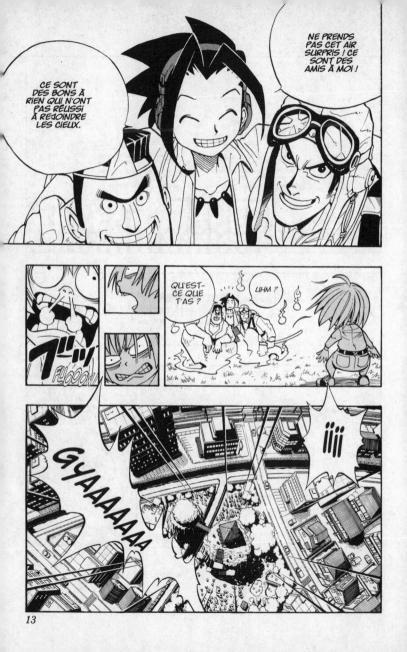

COLLÈGE PRIVÉ
DE SHINRA

TU DEVAIS TE MARRER EN REGARDANT LES ÉTOILES !

DANS CE CIMETIÈRE !? DES ESPRITS !?

SECONDAIRE
CLASSE C 1RE ANNÉE

MAIS J'TE DIS QUE J'EN AI VU !!

MANTA, MOI J'AI PLUTÔT DES DOUTES SUR TA SANTÉ MENTALE.

AU DÉBUT, J'EN CROYAIS PAS MES YEUX !!

KWUARP

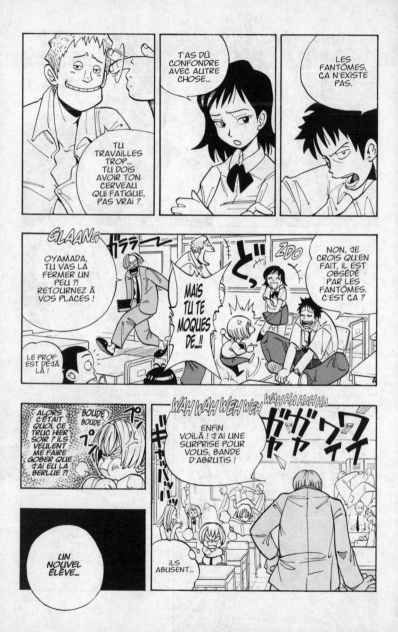

VOICI ASAKURA YOH.

WAAW

ASAKURA YOH

WAAW

WAAW

POUR DES RAISONS FAMILIALES, IL A QUITTÉ LA VILLE D'IZUMO POUR VENIR HABITER SEUL ICI...

ET VOILÀ POURQUOI J'ATTENDS DE VOUS, BANDE D'ABRUTIS, QUE VOUS AIDIEZ CET ÉLÈVE À S'INSÉRER DANS VOTRE CLASSE.

WAAW

ZBAAM

C'EEEEST LUIiiiii !!

LUI...

QU'EST-CE QUE T'AS, OYAMADA ? T'EN FAIS UNE TÊTE !!

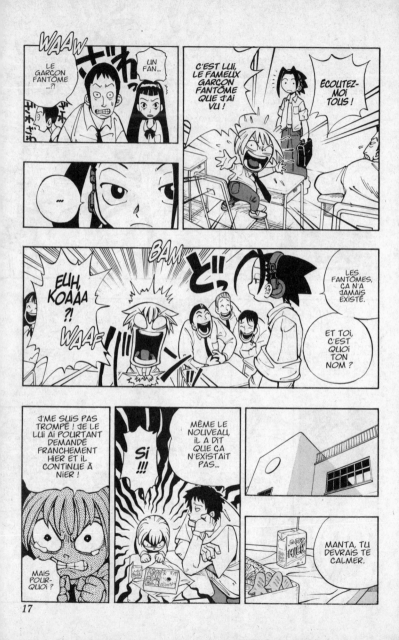

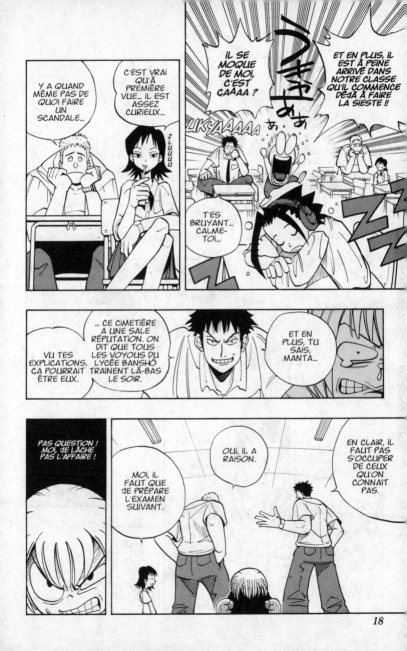

18

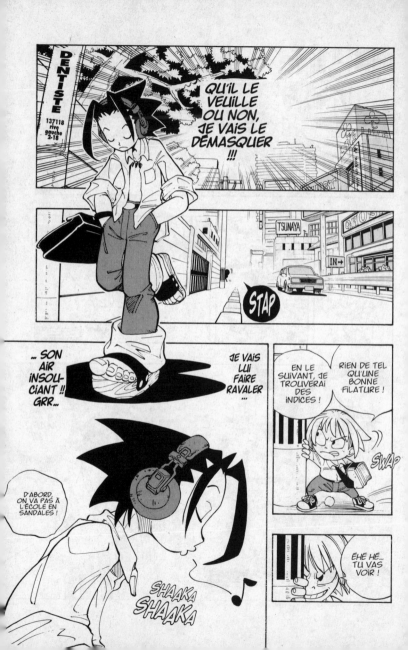

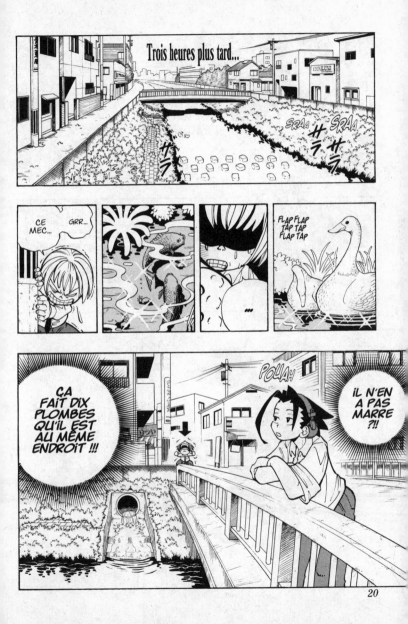

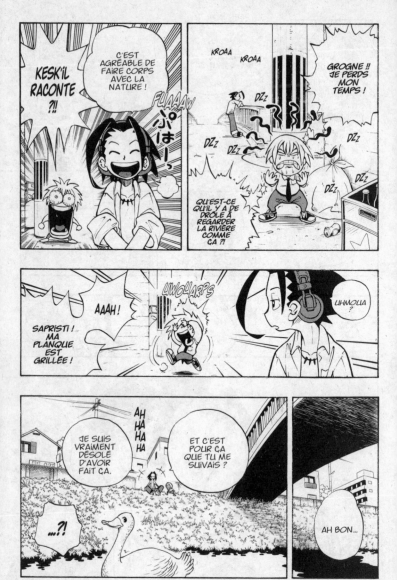

21

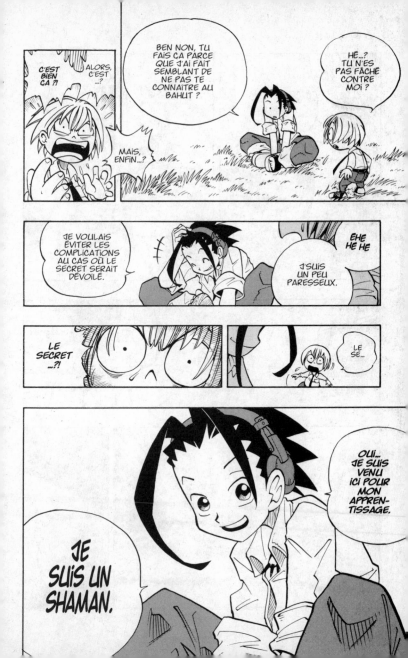

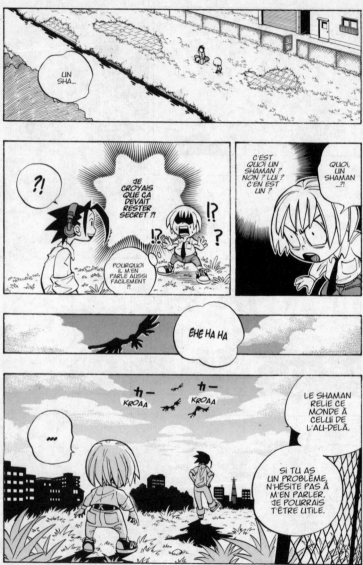

23

BLA BLA

BLA BLA

C'EST DINGUE !

EN FAIT, IL EST QUOI CE MEC ?

C'EST QUOI CE TRUC ?!

FLAP

SHAMAN ? CELUI QUI RELIE LES DEUX MONDES ?

ZBAM

WOUEPS ! QUOI ?!

"SHAMAN", C'EST DANS L'ENCY-CLOPÉDIE !!

édition Encyclopédique

version manta MAN

シャーマン Shaman

IL VIENT EN APPRENTIS-SAGE... UNE HISTOIRE À L'ANCIENNE !

LE SHAMAN SAIT SE METTRE EN TRANSE...

IL ENTRE EN COMMUNICATION AVEC DIEU, LES SAINTS ET LES ÂMES DES MORTS...

HEIN...

COMMENT ? QUOI !

24

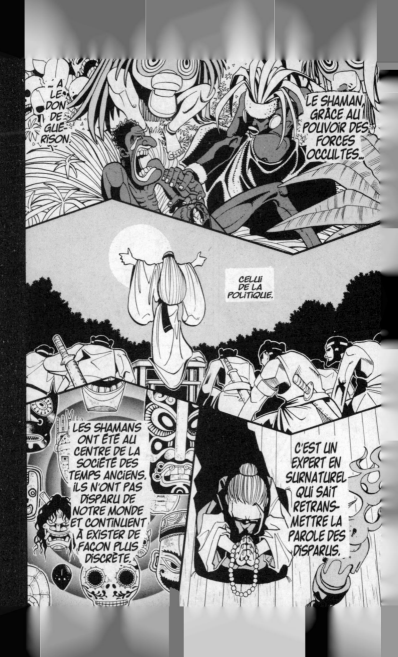

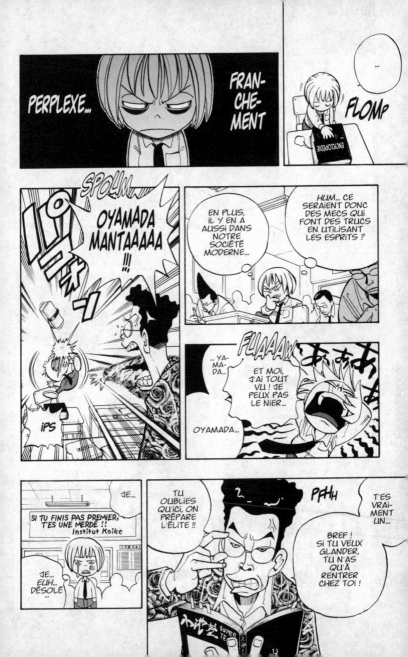

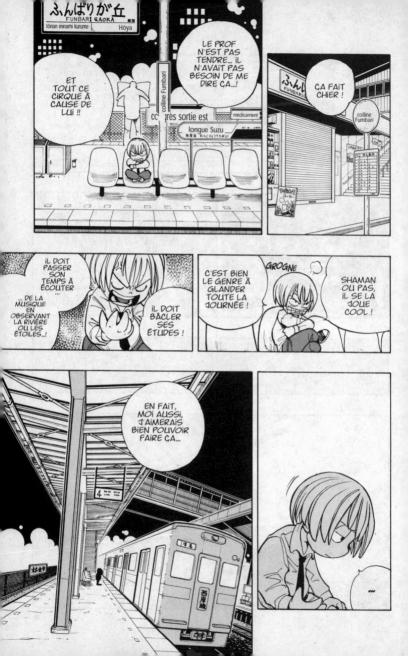

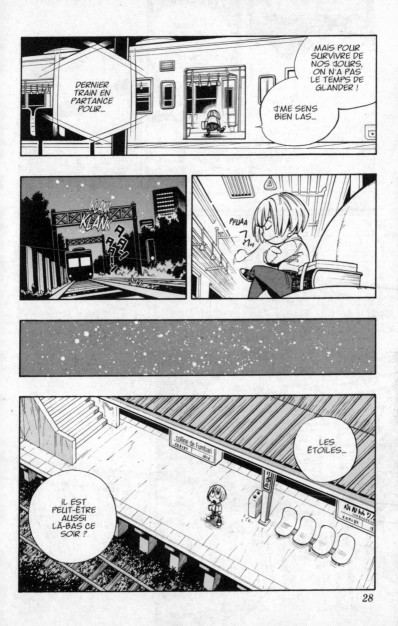

28

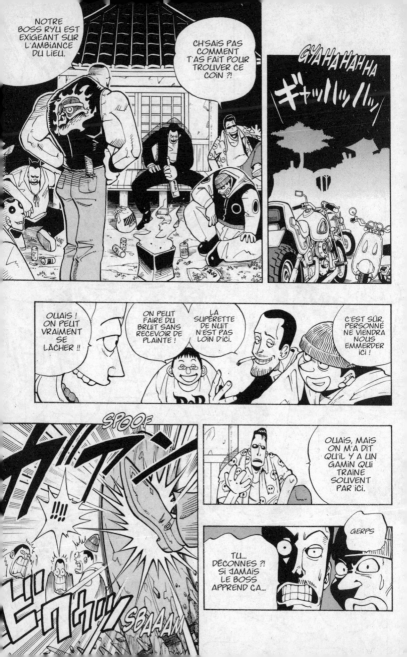

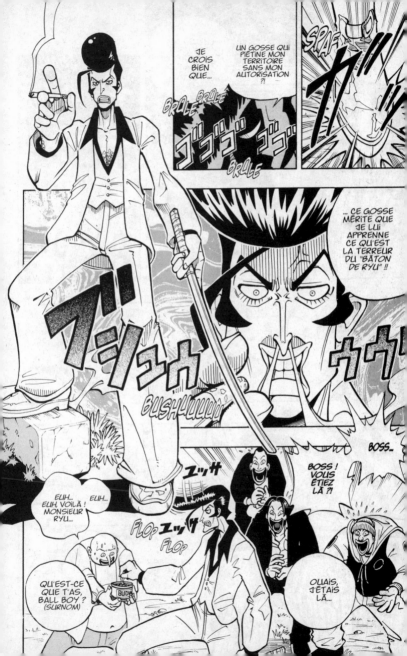

MES AMYGDALES ? OUI ET ALORS C'EST QUOI ?

?

C'EST LE MÉMORIAL D'AMIDA-MARU...!

C'EST QUE... CETTE TOMBE...!!

ICI REPOSE AMIDAMARU

MAIS ENFIN ! C'EST LA PLUS FAMEUSE LÉGENDE DE CETTE VILLE !

UNE HISTOIRE DE SAMOURAÏ VIEILLE DE 600 ANS...!!

SI ON MARCHE DESSUS, LA MALÉDICTION POURRAIT...

Trésor national de Seigan-ji
d'après "Les démons. Le livre d'Amidamaru"

IL DÉCAPITAIT DES GENS AVEC UNE TELLE CRUAUTÉ QUE LA POPULATION ÉTAIT TERRORISÉE. CETTE PLAQUE A ÉTÉ POSÉE POUR CALMER LES ESPRITS...!!

HEIN ?

ET ALORS QUOI ?

31

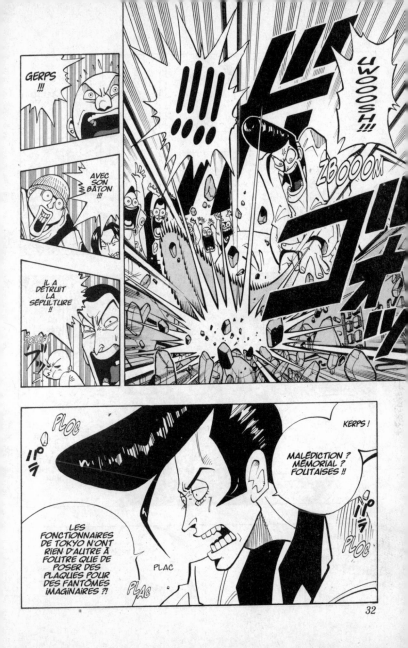

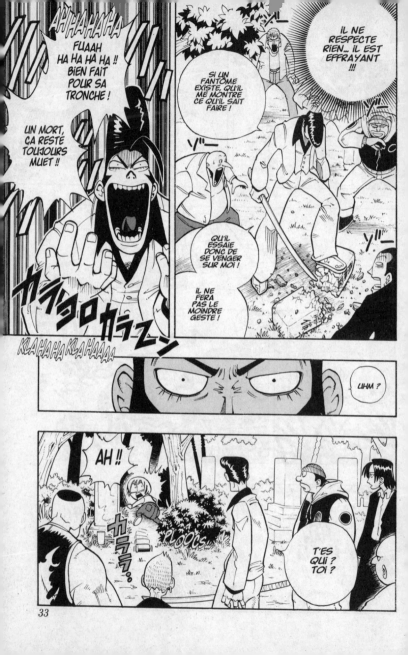

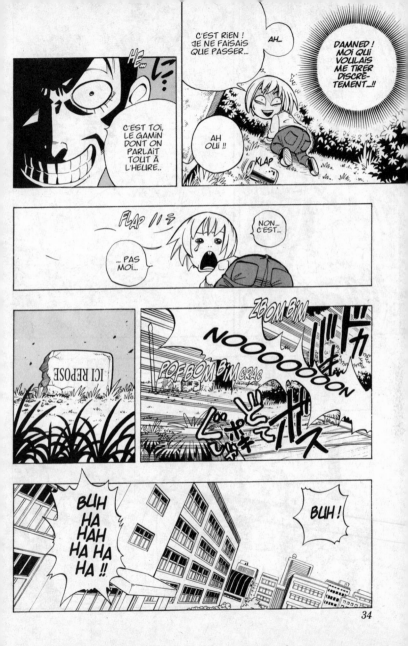

34

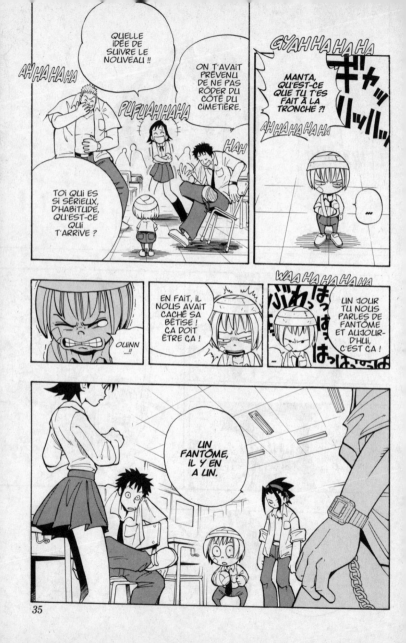

35

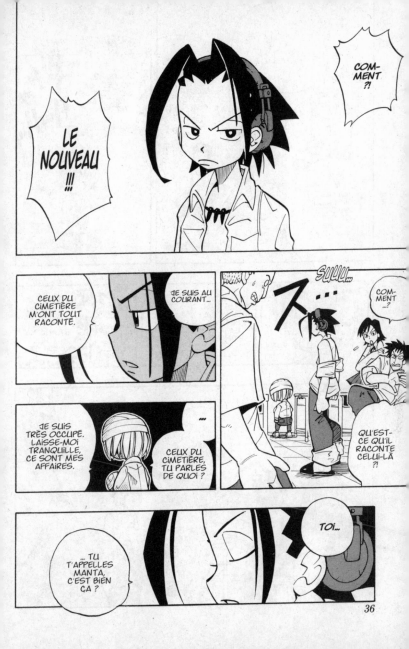

36

HÉ !! UNE MINUTE !!

MANTA ! ON VA ALLER SE VENGER !

FTAP FTAP FTAP

ON SE CONNAIT PAS ET TU N'AS PAS BESOIN DE...!

TU ESPIONNES LES CONVER- SATIONS ?!

QUI T'A DEMANDE DE M'AIDER ?!

HEIN ?

C'EST NORMAL DE T'AIDER.

C'EST PARCE QUE T'ES UN AMI.

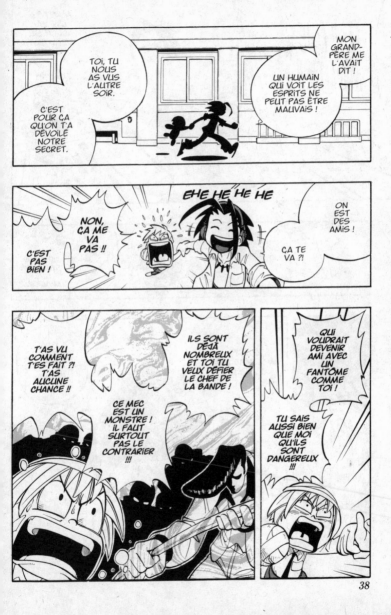

38

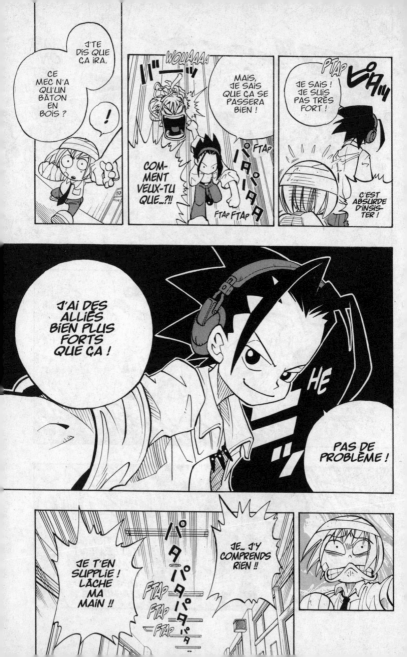

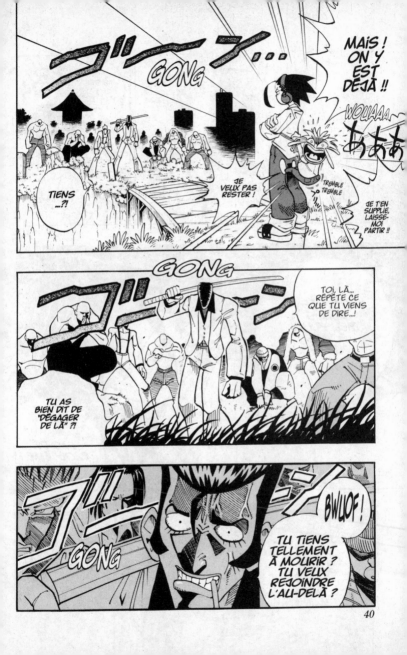

40

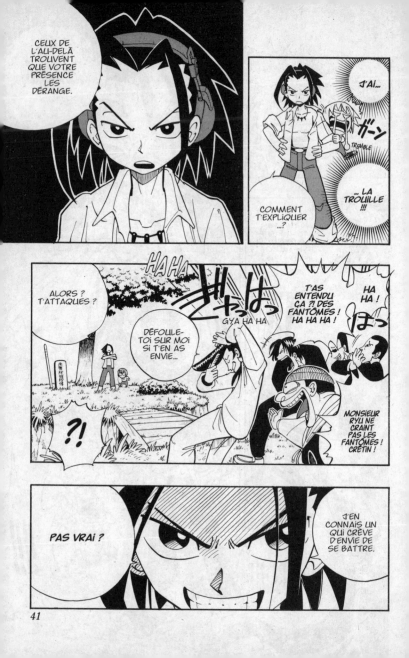

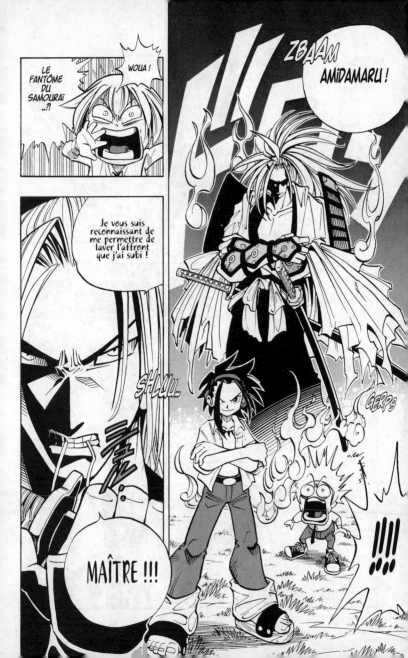

ZDOOODOOO

L'AF-FRONT ?!

LAVER L'AFFRONT ! CE FANTÔME SERAIT...?

CELUI DONT ON A BRISÉ LA TOMBE...!!

LE FAMEUX...!!

AMIDAMARU !!!!

LE LÉGEN-DAIRE SA-MOU-RAÏ !!

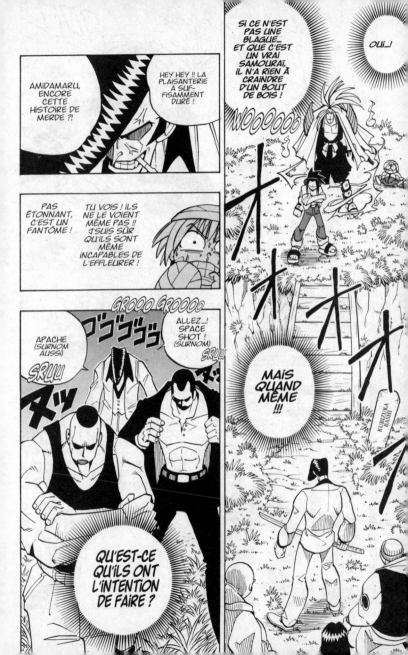

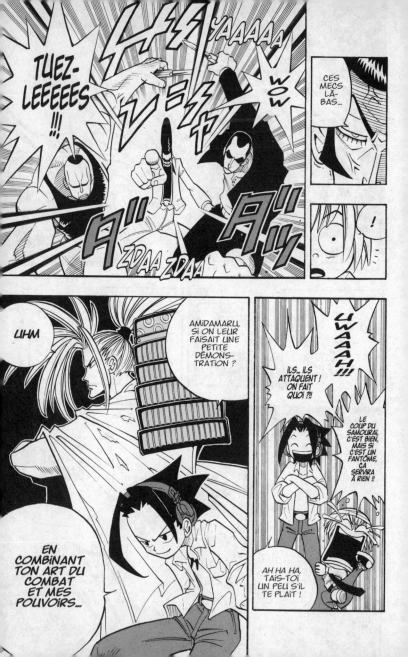

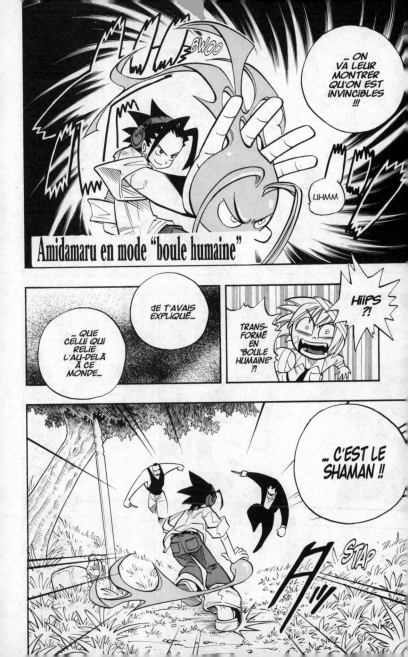

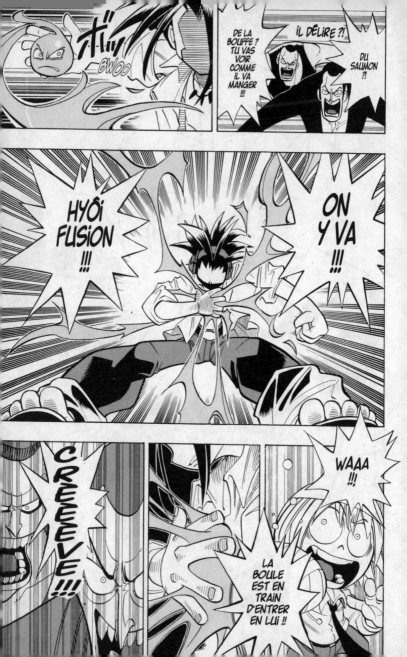

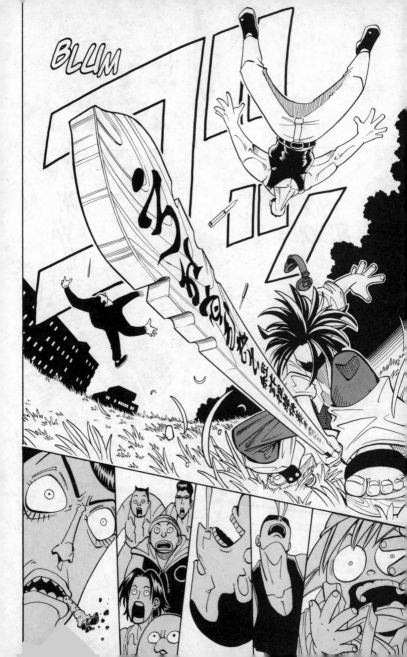

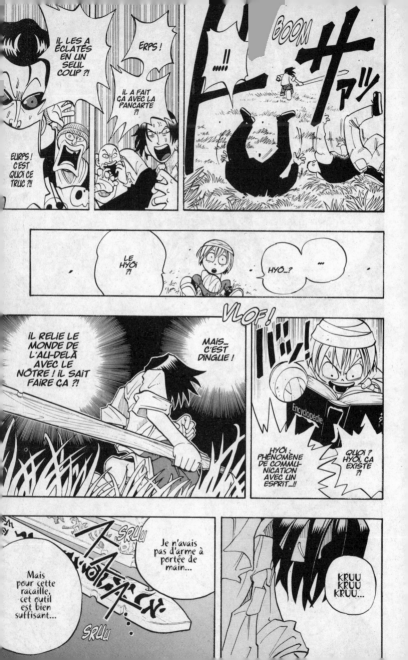

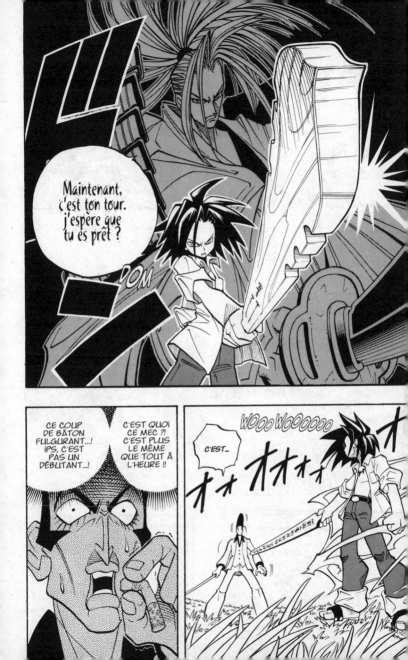

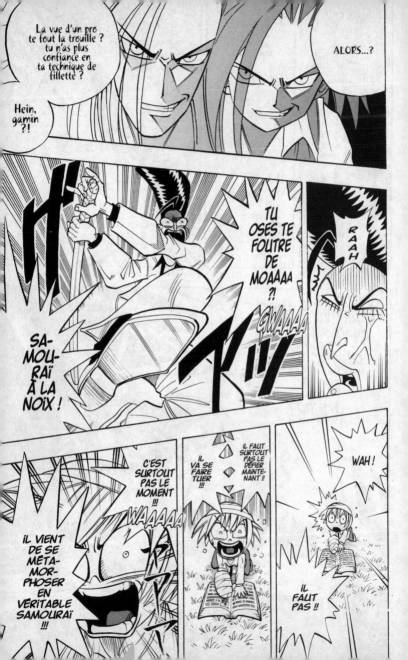

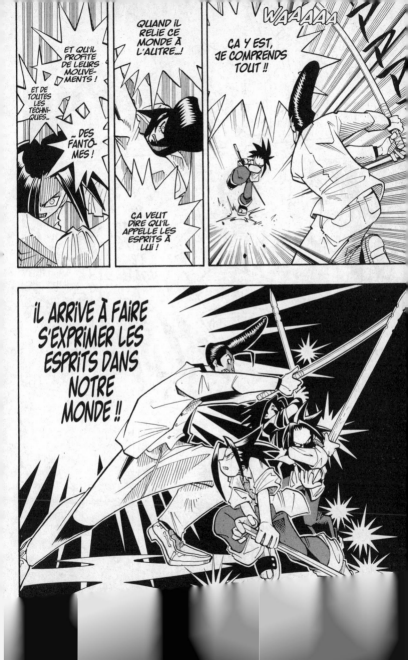

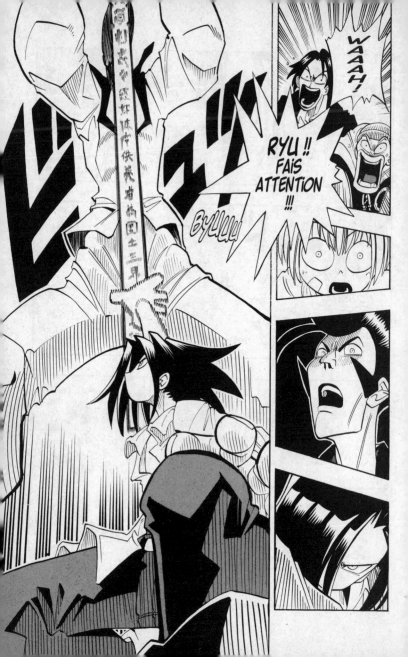

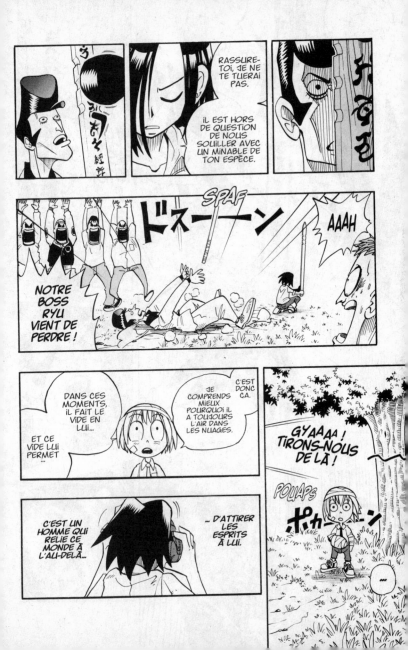

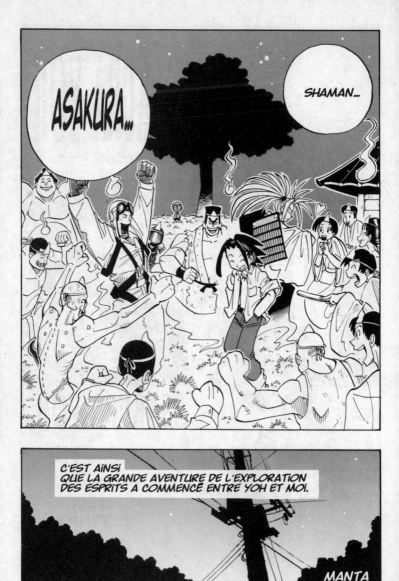

55

ASAKURA YOH

ASAKURA YOH

Au collège privé de Shinra

En 1re année - 13 ans
Né le 12 mai
Signe astral : Taureau

Groupe sanguin A

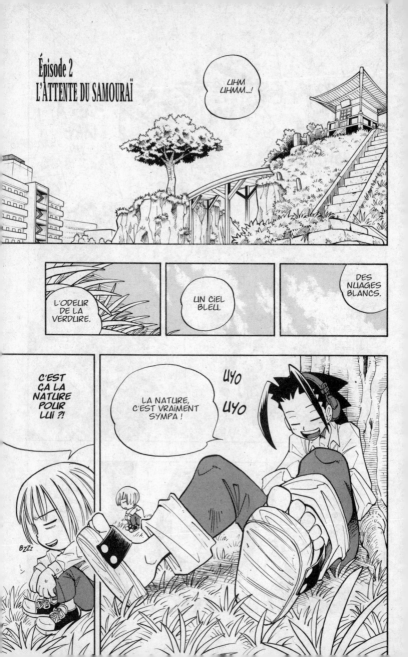

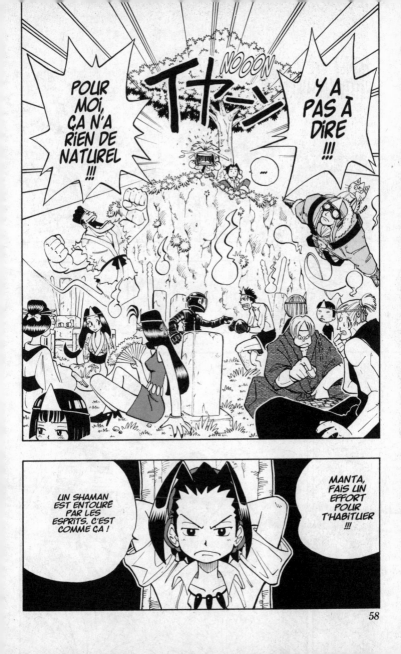

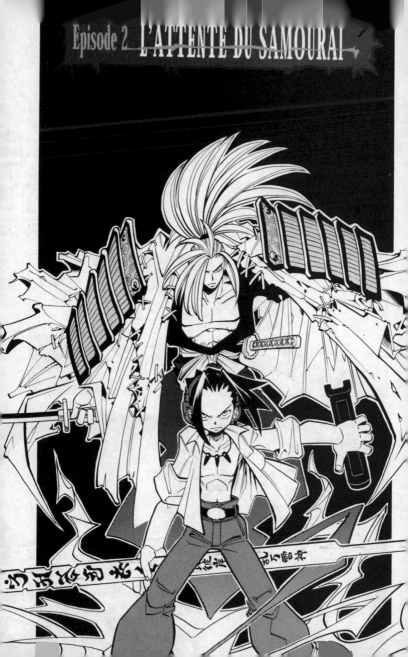

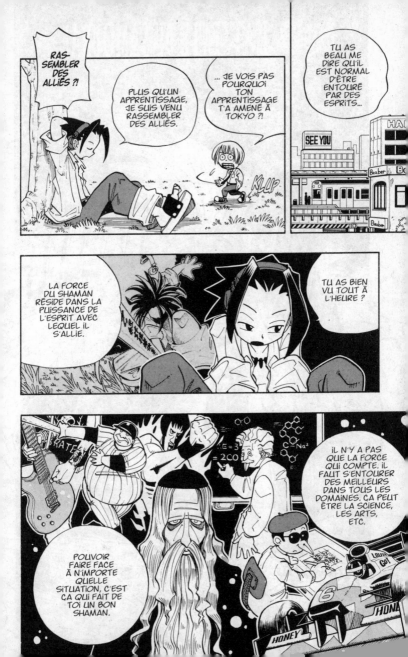

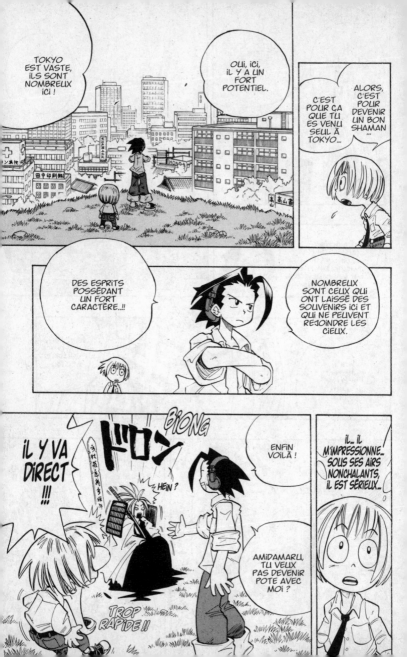

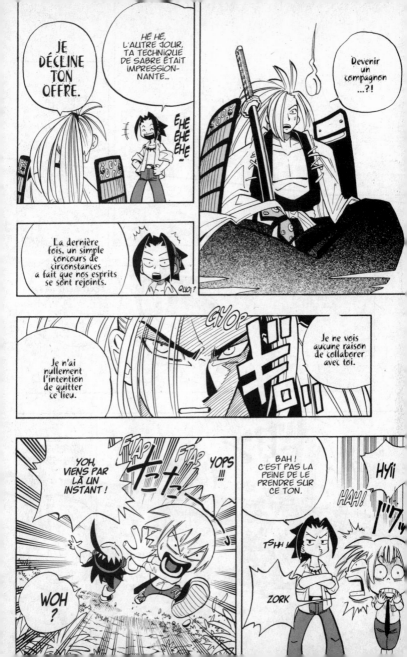

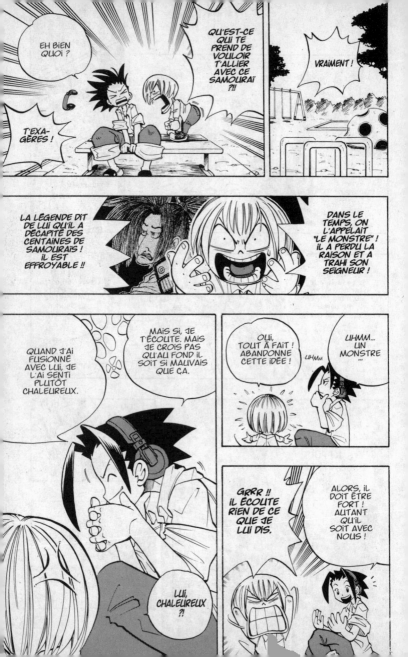

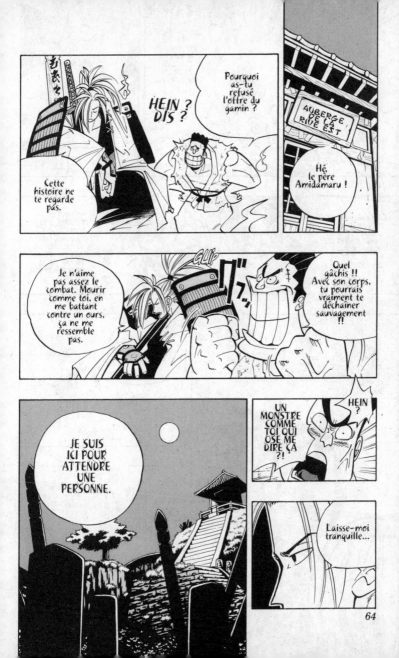

64

WAOUW !!!

CET OBJET EXISTE TOUJOURS !! ÉPATANT !!

Colline de Fumbari Musée Régional

Le lendemain

LE HARU-SAME !!!

biographie de Amidamaru

HARUSAME

LE SABRE QU'UTILISAIT AMIDAMARU IL Y A SIX SIÈCLES !!

MAIS, MIS À PART LE TEXTE, JE VOIS PAS CE QUI POURRAIT NOUS ÊTRE UTILE...

OUAIS, ON VIENT SOUVENT ICI POUR LE COURS D'HISTOIRE.

TU M'ÉPATES ! GRÂCE À TES CONNAISSANCES, ON A RETROUVÉ CET OBJET QUI RISQUE DE NOUS SERVIR PLUS TARD !

ÇA TE SERVIRA À QUOI DE SAVOIR ÇA ?

HEIN, DIS...? SI ON RENTRAIT ?

JE T'ASSURE QUE SI.

AU-DESSUS DU SABRE QUELQU'UN NOUS OBSERVE...

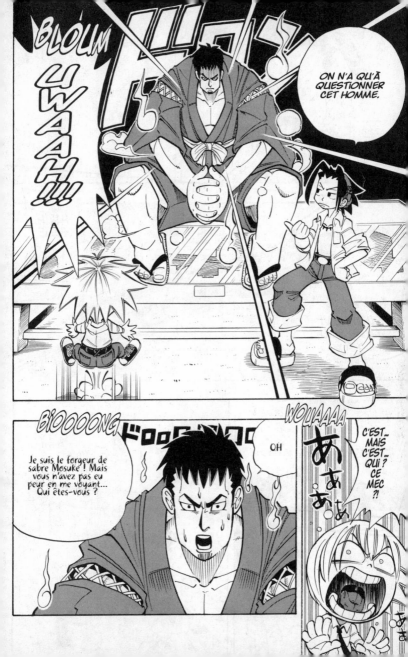

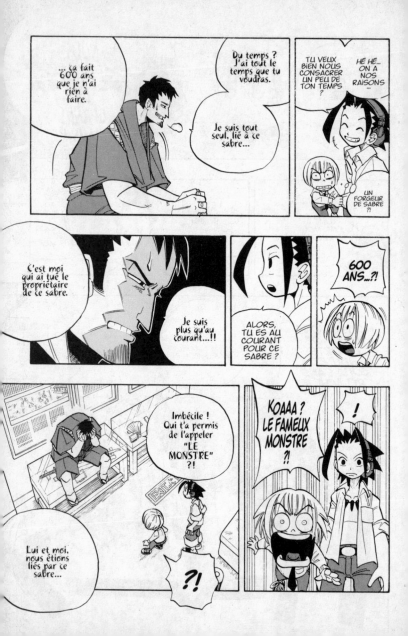

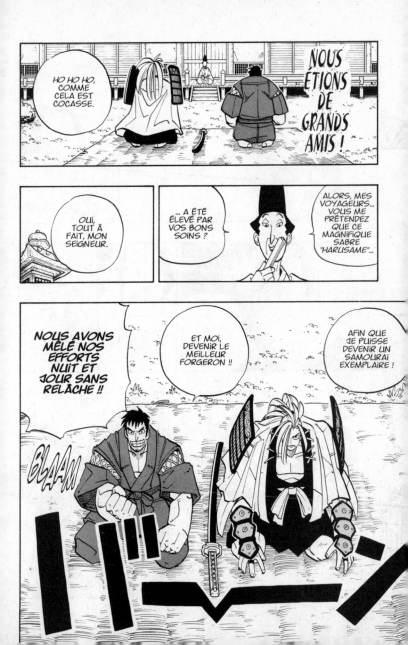

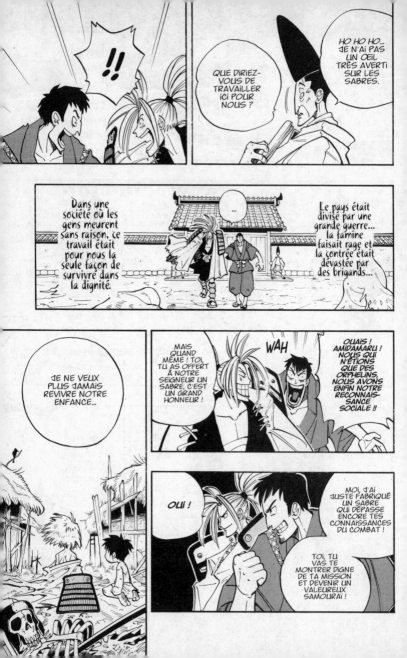

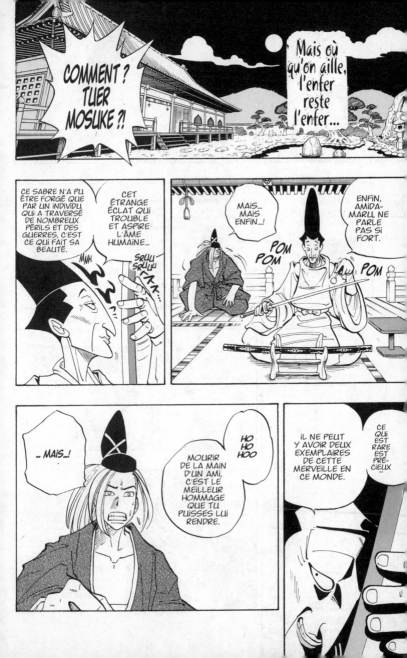

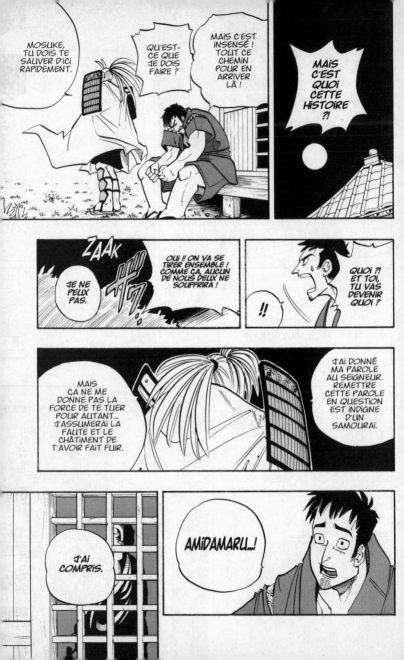

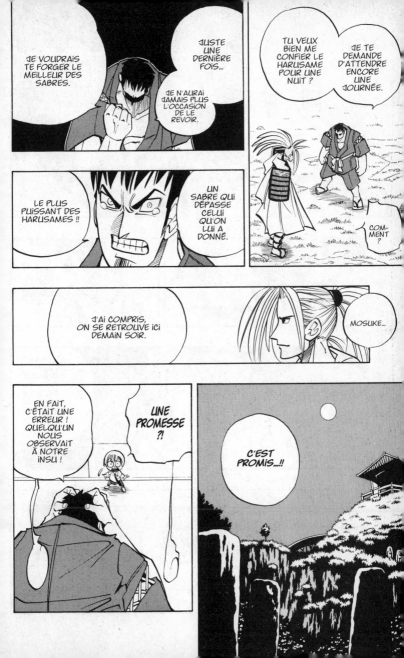

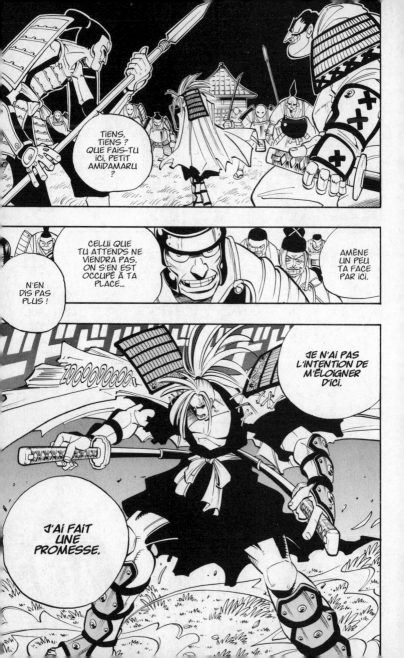

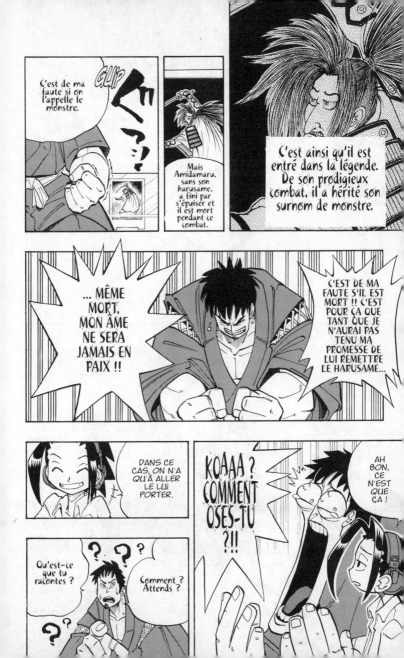

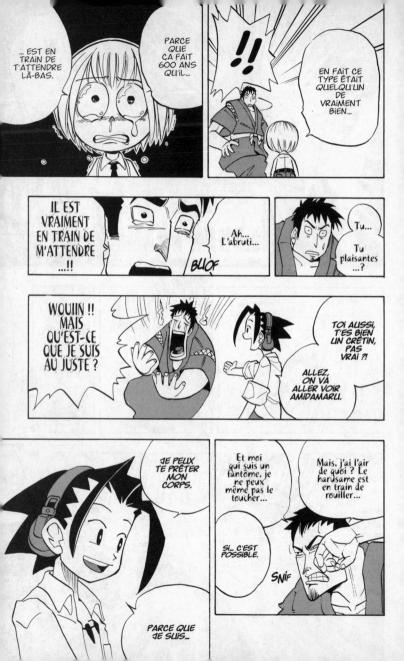

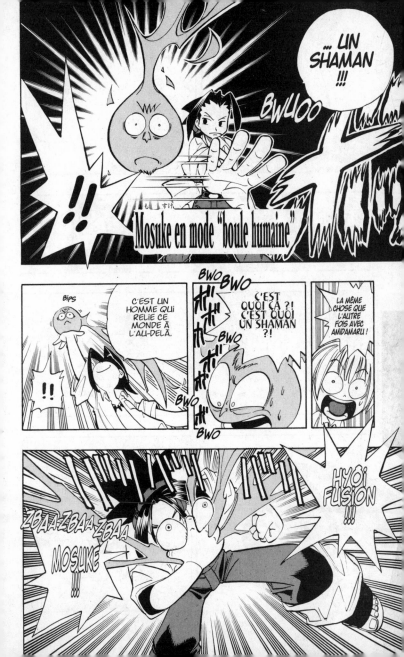

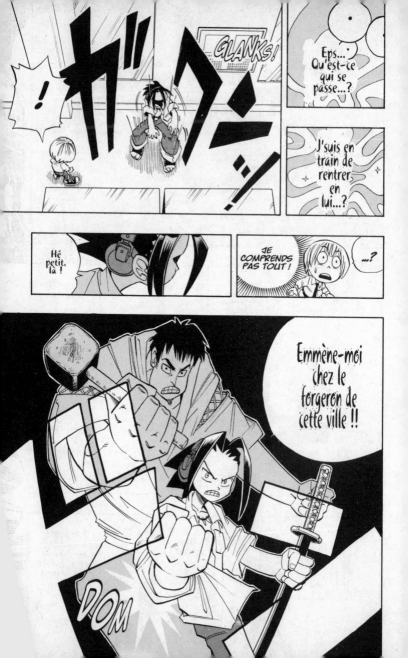

JE T'AI FAIT ATTENDRE.

Il n'y a que lui pour pouvoir forger un tel sabre.

Je vois... Je reconnais bien son style.

QUEL ABRUTI !

OUI.

MOSUKE A DIT QU'IL N'AVAIT PAS LE COURAGE DE TE VOIR ET IL A REJOINT L'AU-DELÀ.

CET ABRUTI M'A FAIT ATTENDRE 600 ANS...!

Son âme errait ici et il a attendu de pouvoir forger ce sabre pour moi...

... je crois que je ne suis pas encore prêt pour partir au ciel.

J'aurais aimé lui courir après et lui foutre une claque, mais...

Ça risque de me prendre encore un certain temps.

C'EST COMME ÇA QU'AMIDAMARU EST DEVENU UN AMI DE YOH. IL SEMBLE QU'IL AIT ÉTÉ SÉDUIT PAR LES POUVOIRS DE YOH. ET JE CROIS BIEN QUE MOI AUSSI.

P.-S. : UN SOIR ON A RETROUVÉ LE SABRE HARUSAME, LUISANT ET BRILLANT DE TOUS SON ÉCLAT. LES JOURNAUX LOCAUX ONT ÉVOQUÉ LE "MIRACLE DU HARUSAME".

MANTA

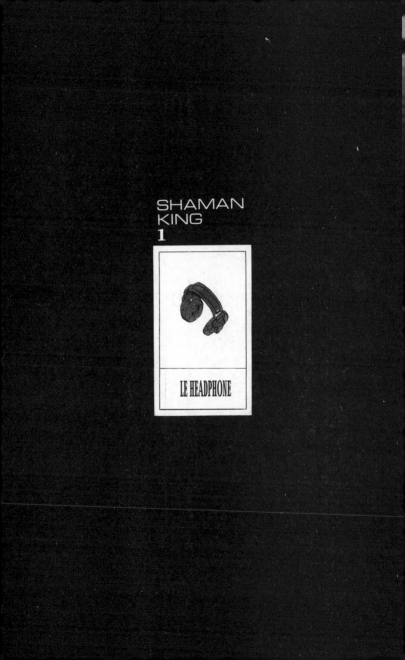

SHAMAN
KING
1

LE HEADPHONE

Épisode 3 LE MYSTÈRE DE LA PANCARTE

VRAÏMENT UN MEC MOU !!

T'ES...

SI JAMAIS ON LE RATE, ON A L'AIR DE QUOI ?!

ON A UN EXAMEN DE KENDO CE MATIN !!

ON AVAIT RENDEZ-VOUS ET TU NOUS AS MIS EN RETARD !

MAIS !! MANTA, J'SUIS ENCORE ENDORMI, NE CRIE PAS COMME ÇA !

NE DIS PAS DE BÊTISES !!!

J'AI LE PRESSENTIMENT QUE LA JOURNÉE SERA MAUVAISE.

JE VAIS RENTRER DORMIR À LA MAISON.

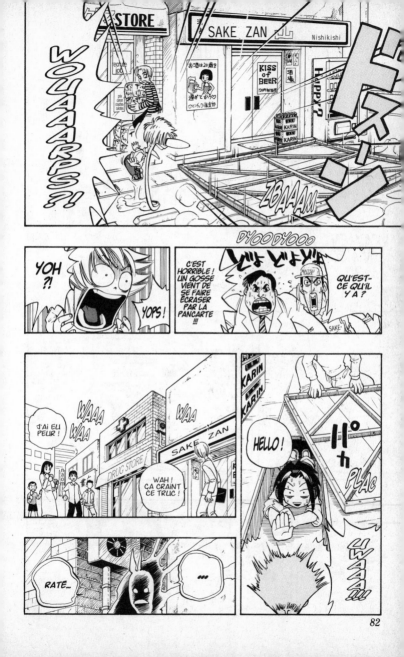

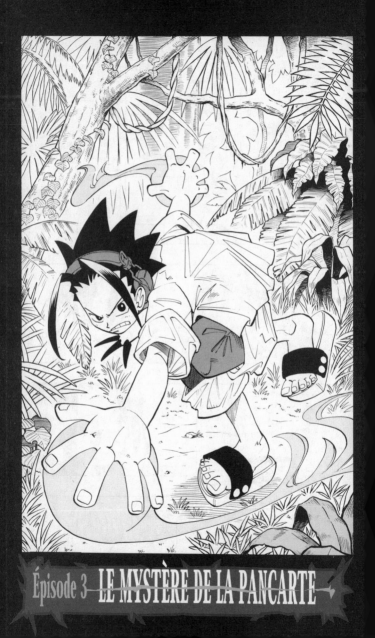

Épisode 3 - LE MYSTÈRE DE LA PANCARTE

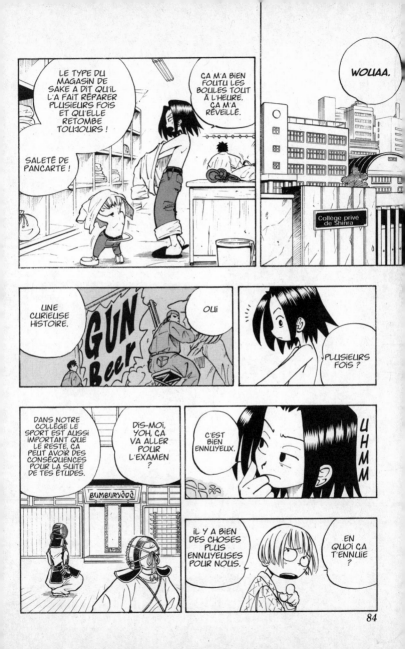

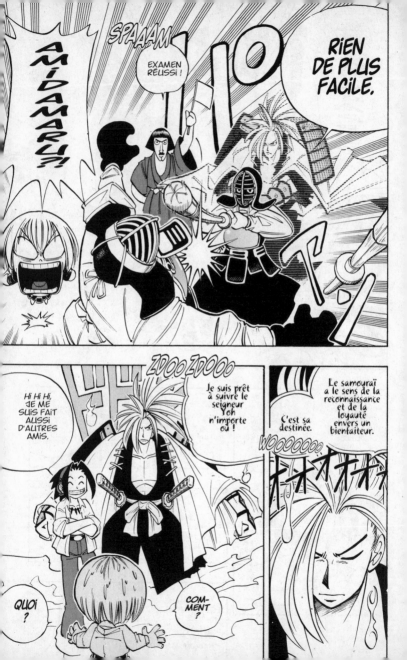

BIOOONG GYAAARPS!!!

CE SONT TOUS LES FANTÔMES QUI N'ONT PAS PU S'ADAPTER À LA VIE DANS LE COLLÈGE !

AVEC EUX, ON FAIT FACE À N'IMPORTE QUELLE SITUATION.

ILS ONT TOUS LAISSÉ UN SOUVENIR DANS NOTRE COLLÈGE !

HA HAH

HAHHAH

Éhé hé... Passer les examens, c'est ma spécialité.

LUI, C'EST SUZUKI, LE PREMIER DE LA CLASSE, IL S'EST SUICIDÉ IL Y A 5 ANS À CAUSE DES BRIMADES DES AUTRES.

La course à pied, c'est mon truc !

LE CAPITAINE DE L'ÉQUIPE DE GYM, KOBAYASHI, IL S'EST FAIT RENVERSER PAR UNE VOITURE PENDANT UN MARATHON.

Noriko est pianiste, une maladie l'a terrassée avant un concert.

ASHIDA S'OCCUPAIT DE LA SECTION ART. IL EST MORT APRÈS 15 NUITS SANS SOMMEIL.

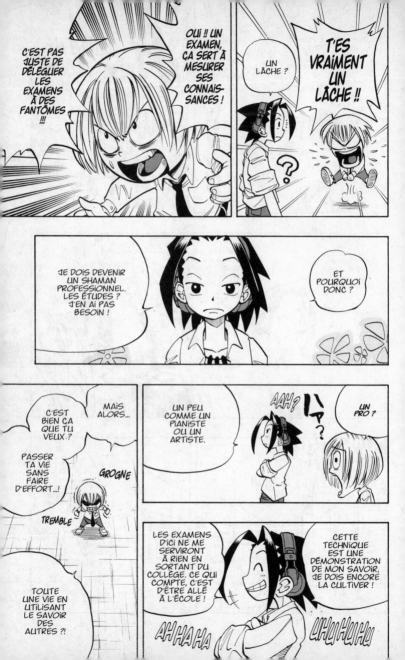

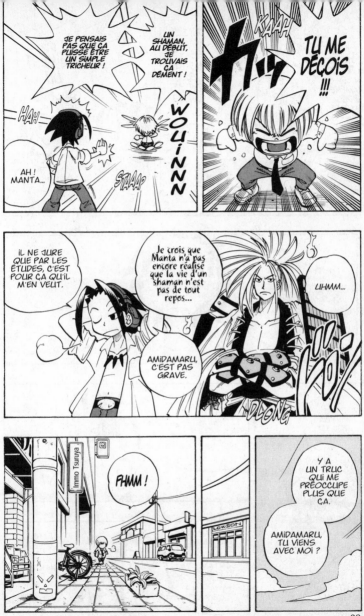

88

TOUT À L'HEURE AU VESTIAIRE ...

...

EN FAIT, IL NE PENSE QU'À S'AMUSER !

PROFESSIONNEL DE RIEN DU TOUT !!

HAAH

ET DIRE QUE JE CROYAIS QU'IL ÉTAIT BIEN.

IL A CERTAINEMENT DÛ TRÉBUCHER OU S'ÉCORCHER CONTRE DES GRILLAGES.

BOF !

IL EST TELLEMENT DANS LES NUAGES !

BUH BUH

IL AVAIT PLEIN DE PLAIES RÉCENTES SUR SON CORPS.

IL SUBIT PEUT-ÊTRE UN ENTRAÎNEMENT RUDE ?!

HEIN ?

PSHÏÏ

GUN Beer

C'EST VRAI QUOI ! C'EST LE GENRE À SE FAIRE ÉCRASER PAR CETTE PANCARTE.

SAKE

ZAN

GLANG

SAUTE PAR ICI !!

HAH !!!

GUN Deer

KOAAAAA?!

BEE

SGLAAANG

PROTÉGER ?

Le seigneur Yoh m'a demandé de te protéger.

AMIDAMARU, QUE FAIS TU ICI ?

Manta, il s'en est fallu de peu.

C'EST...

MAIS...

Tout à fait.

KLIP

SLIP

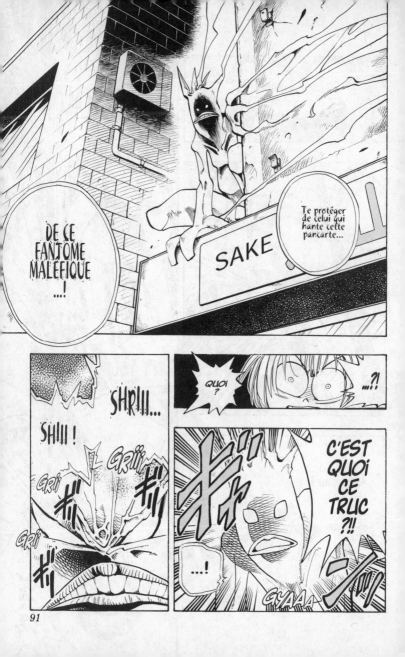

91

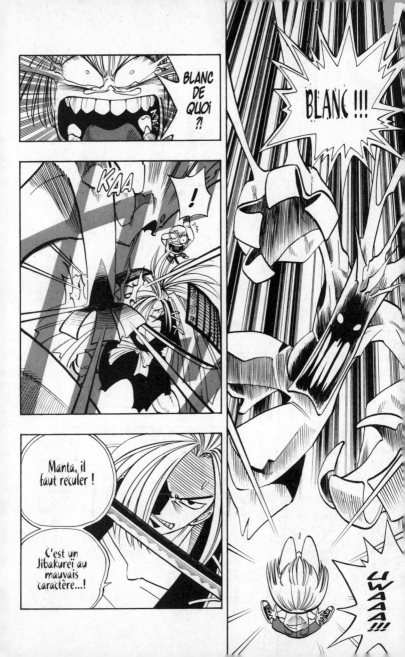

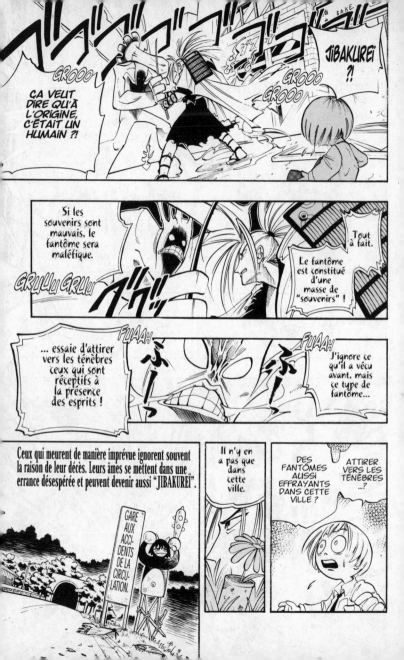

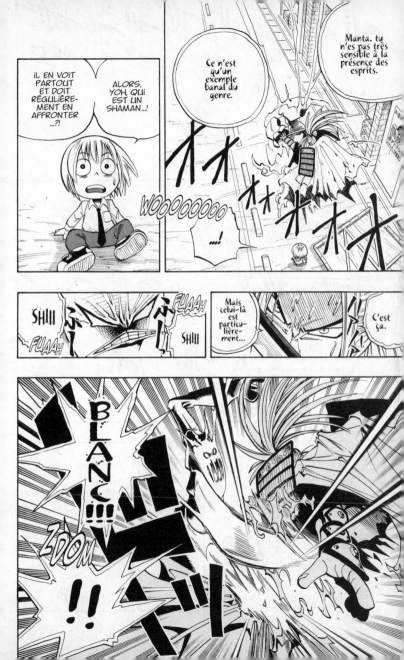

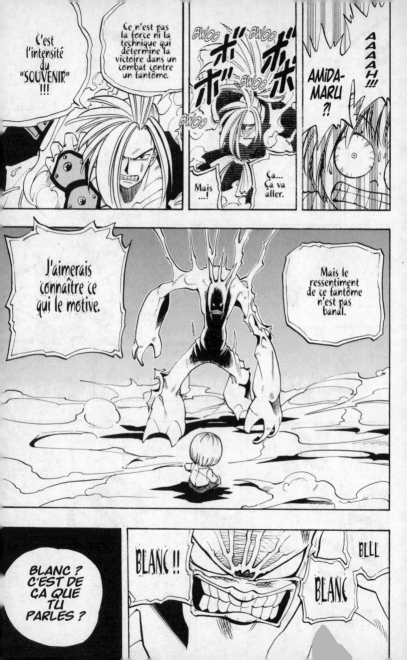

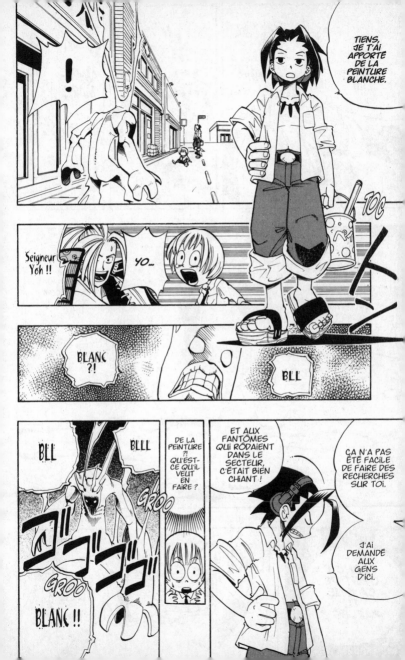

BLANC !!!

GRAAP

DU SANG ...!

TSUu

...!! .....

...TU AS ÉTÉ DÉSÉQUILIBRÉ EN ESSAYANT D'ATTRAPER UN POT DE PEINTURE BLANCHE ET TU ES TOMBÉ SUR LA ROUTE AVEC L'ÉCHAFAUDAGE.

IL Y A UN AN... QUAND TU ÉTAIS EN TRAIN DE PEINDRE CETTE PANCARTE...

Il a fait exprès de se faire gifler.

MAIS QU'EST-CE QU'IL FAIT ?!

En se laissant gifler, il vient de lui montrer la présence du shaman.

Normalement un fantôme et un humain ne peuvent entrer en contact. Un fantôme ne peut même pas toucher sa chair.

UN CAMION T'A ÉCRASÉ, ÇA A ÉTÉ TRÈS RAPIDE...

TU ÉTAIS TRÈS PERFECTIONNISTE. TU AS ÉPROUVÉ UNE IMMENSE FRUSTRATION À L'IDÉE DE LAISSER UN TRAVAIL INACHEVÉ.

MAIS AVEC LE TEMPS CETTE AMERTUME S'EST TRANSFORMÉE EN OBSESSION ET C'EST AINSI QUE TU ES DEVENU UN JIBAKUREI.

C'EST AUSSI POUR CELA QUE TU N'AS PAS PU GAGNER LES CIEUX ET QUE TU HANTAIS CE LIEU EN INTERPELLANT CEUX QUI POUVAIENT RESSENTIR TA PRÉSENCE.

VRAI-MENT...

C'EST MALHEUREUSEMENT AUSSI LE RÔLE DU SHAMAN QUE DE S'OCCUPER DE PALMÈS COMME TOI.

KANTA, SI TU VEUX FINIR TON TRAVAIL, TU PEUX UTILISER MON CORPS.

On dirait que la négociation s'est bien terminée...

AMIDA-MARU !

!

...!!

... qui es-tu pour réussir une chose pareille ?

Mais...

... réussi à me souvenir de mon apparence.

J'ai totalement..

JE SUIS COMME TOI, JE RISQUE MA VIE DANS MON TRAVAIL !

! ....

AINSI LA PANCARTE A ÉTÉ TERMINÉE ET ELLE N'EST PLUS JAMAIS RETOMBÉE SUR LES GENS.

POUR MA PART, J'AI COMPRIS LE POURQUOI DES PLAIES SUR LE CORPS DE YOH. J'ÉTAIS MÊME UN PEU ÉMU DE M'ÊTRE EMPORTÉ...

cave sake   SAKE   ZAN

MANTA

AMIDAMARU

AMIDAMARU

24 ans à l'époque
Né le 6 janvier
Signe astral : Capricorne
Groupe sanguin A

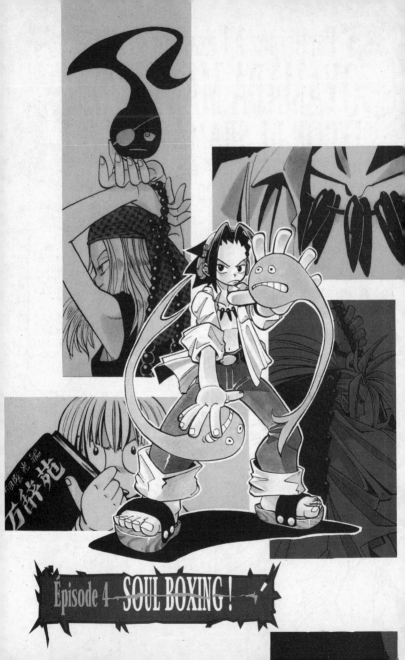

Épisode 4 - SOUL BOXING !

Participez à l'examen de
OYAMADA MANTA ?!
LEÇON DE SHAMANISME

Mais qu'est-ce qu'un SHAMAN...?!

Le shaman est un personnage qui sait se mettre en contact avec les divinités, les âmes des morts et autres esprits errants. Mais surtout, il peut utiliser la force des ces esprits pour accomplir des actes incroyables. Il sait également tirer parti des connaissances des divinités, utiliser les esprits à des fins de guérison ou faire revenir sur terre un mort. La spécialité de Yoh par exemple est de rencontrer des héros historiques disparus. Bien entendu le don de shamanisme est réservé à une élite, c'est aussi la raison pour laquelle ces individus sont très respectés dans la société. On trouve des shamans un peu partout dans le monde. Par exemple en Chine, chez les Indiens d'Amérique et en Nouvelle-Guinée où ils sont encore en activité. Au Japon, dans la région nord-est, les "itakos" ont le pouvoir d'appeler ceux de l'au-delà et de communiquer avec eux. Dans la région d'Amami, les "yutas" utilisent la force des esprits pour faire de la divination ou de la guérison et continuent d'attirer le respect des habitants.

DANS LE MONDE, ON TROUVE AUSSI BEAUCOUP DE FEMMES QUI PRATIQUENT LE SHAMANISME.

SI VOUS AVEZ LU ÇA, VOUS POUVEZ MOURIR TRANQUILLE !

ON TROUVE ENCORE PAS MAL D'HOMMES QUI SAVENT COMMUNIQUER AVEC L'AU-DELÀ !!!

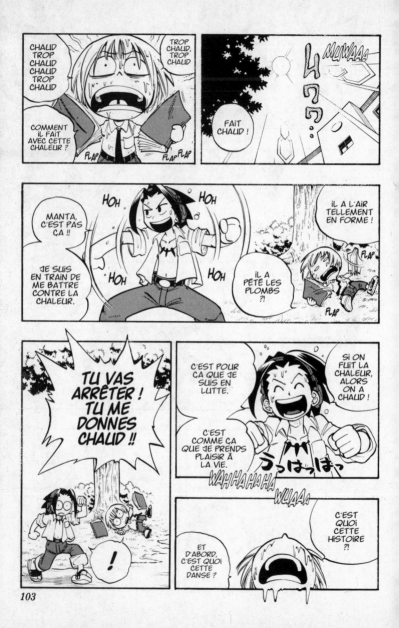

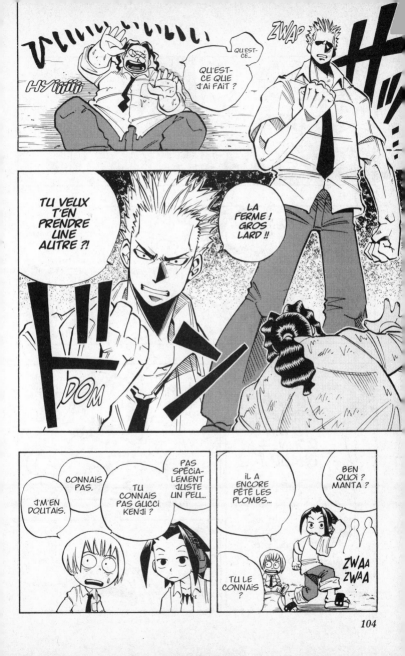

ET LUI, C'EST UN BOXEUR QUI AVAIT ÉTÉ REPÉRÉ PAR GUCCI. SON AVENIR SEMBLAIT TOUT TRACÉ.

GUCCI KENJI ÉTAIT RENOMMÉ AU JAPON POUR SON STYLE PARTICULIER ET SA COUPE AFRO.

C'ÉTAIT UN GRAND CHAMPION TRÈS VÉNÉRÉ DANS LE MILIEU DE LA BOXE JAPONAISE.

AU DÉPART, C'ÉTAIT UN VOYOU QU'ON DISAIT IRRÉCUPÉRABLE ET QUE GUCCI AVAIT REMIS DANS LE DROIT CHEMIN GRÂCE À LA BOXE. C'EST DE ÇA QUE TU PARLES ?

MAIS IL N'A PAS FAIT CARRIÈRE À CAUSE DE LA MORT ACCIDENTELLE DE GUCCI.

AH BON ?

IL EST TROP DANGEREUX, IL VAUT MIEUX NE PAS AVOIR AFFAIRE À LUI.

IL S'APPELLE TOBINAÏ TATSUSHI, IL EST EN 3e ANNÉE AU COLLÈGE SHINRA.

EN FAIT, UN VOYOU RESTE TOUJOURS UN VOYOU...

ZBON ドドドッ

OUI, MAIS APRÈS L'ACCIDENT, IL EST REDEVENU CE QU'IL ÉTAIT.

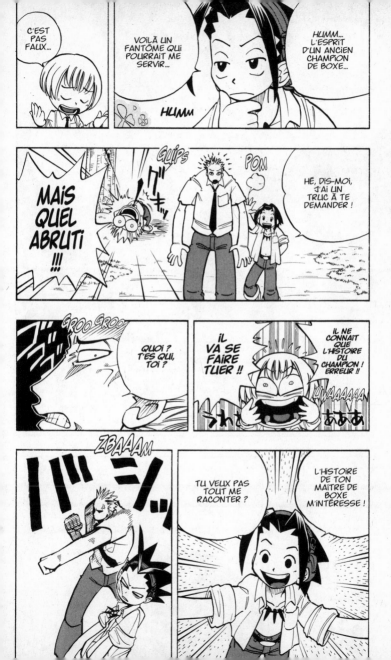

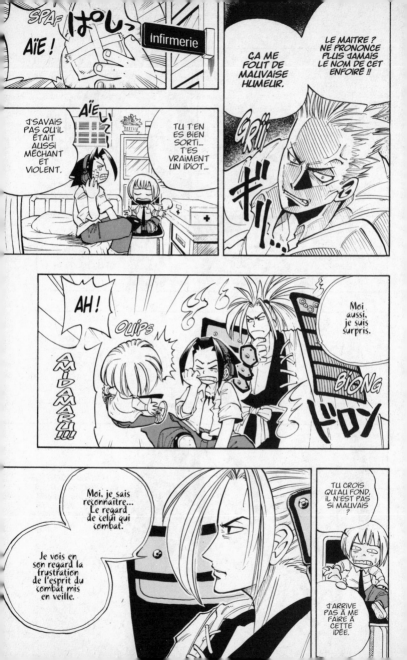

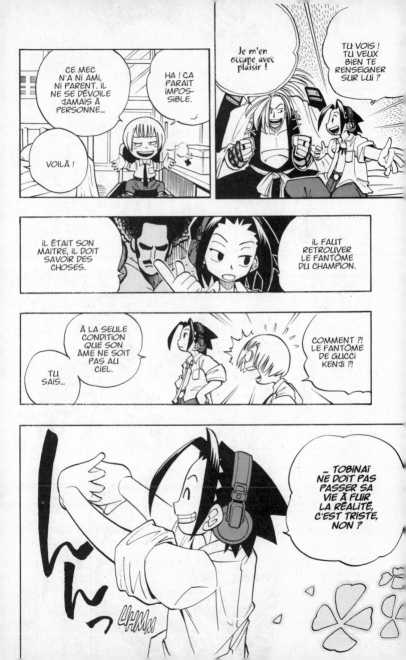

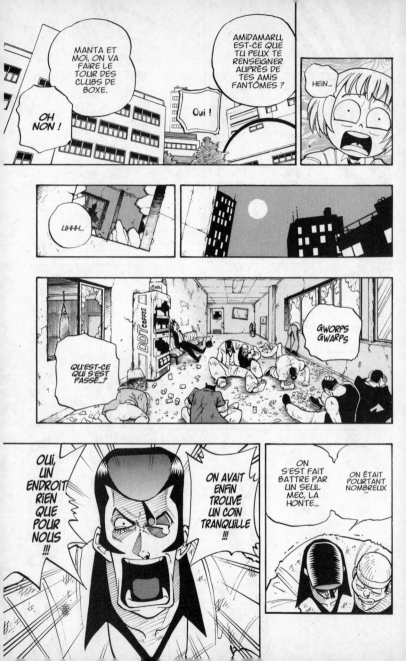

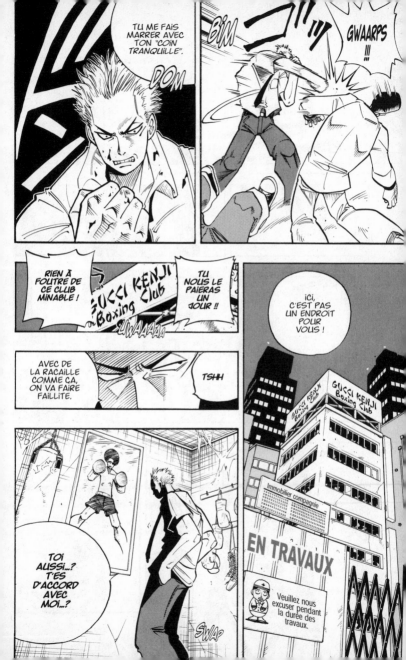

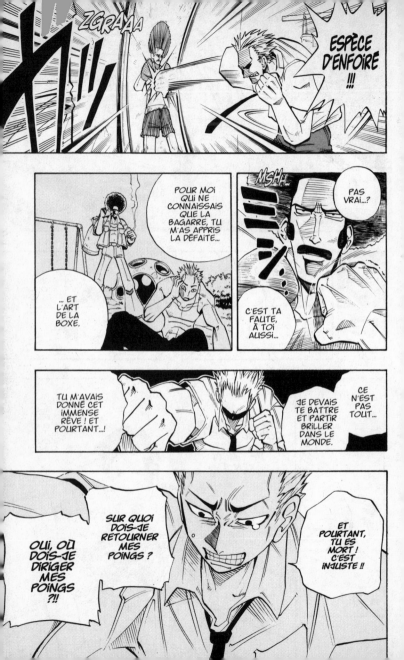

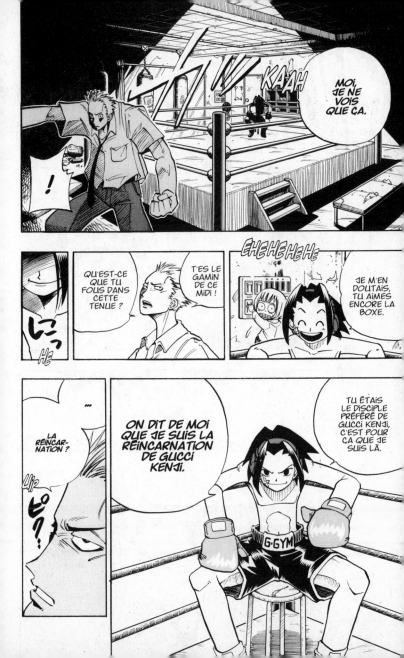

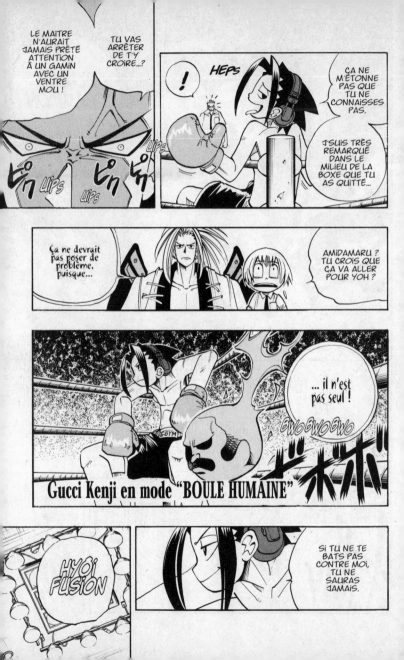

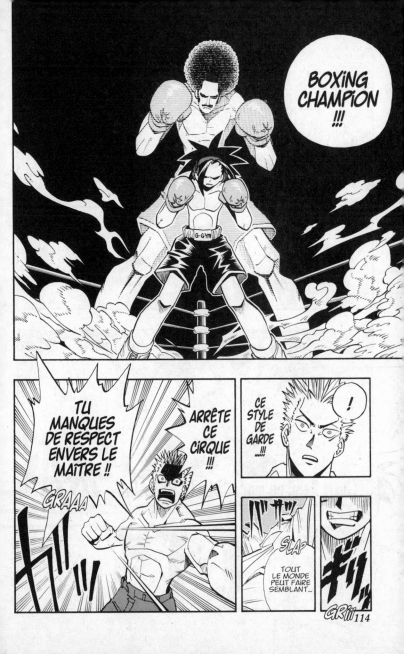

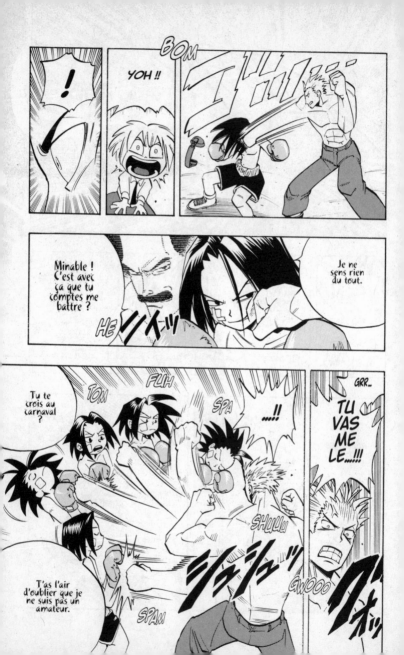

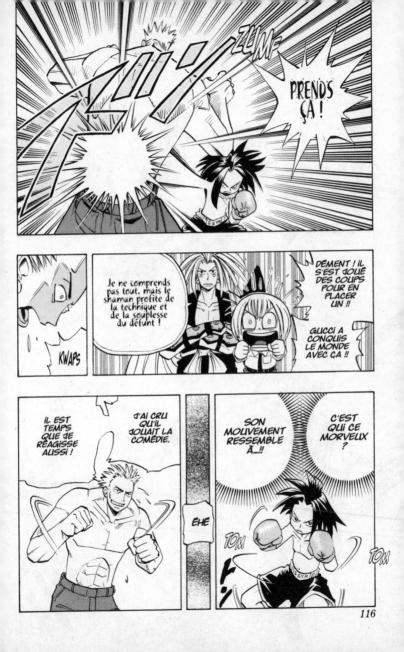

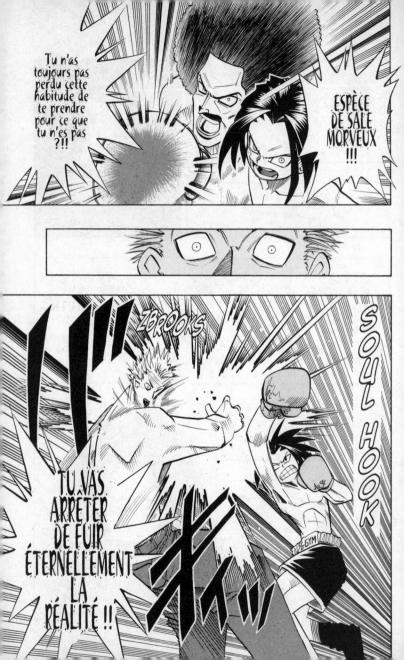

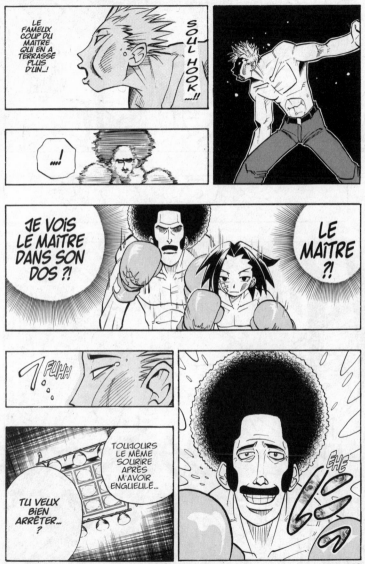

118

... RECOMMENCER À ME BATTRE POUR PRÉPARER MON AVENIR...

J'AI L'IMPRESSION D'AVOIR ENVIE DE...

PTAM

バタン

LA TÊTE EMBRUMÉE PAR LE K.O., TATSUSHI A BIEN VU CE JOUR-LÀ LA SILHOUETTE DU MAÎTRE...

IL RETOURNERA DANS LE MILIEU DE LA BOXE PROFESSIONNELLE ET SERA CERTAINEMENT BIENTÔT LE DIGNE SUCCESSEUR DE SON MAÎTRE. EN REVANCHE...

ET PRENDRE DES COUPS, ÇA NE M'AMUSE PAS DU TOUT !

LA BOXE, ÇA FAIT TROP MAL.

JE ME SUIS SAUVÉ !

DIS-MOI, QU'EST-CE QUE T'AS FAIT DU FANTÔME DE GUCCI ?

UPS

TOUT PORTE À CROIRE QUE LA RÉCUPÉRATION DU FANTÔME VIENT D'ÉCHOUER...

MANTA

AH BON ? JE CROYAIS QUE C'ÉTAIT PAS BIEN DE S'ENFUIR ?!

Hi Hi Hi...

SHAMAN KING
1

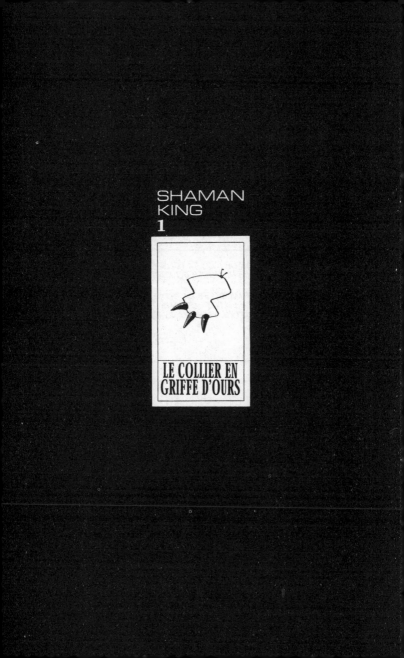

LE COLLIER EN GRIFFE D'OURS

Épisode 5 SAMOURAÏ BODY GUARD

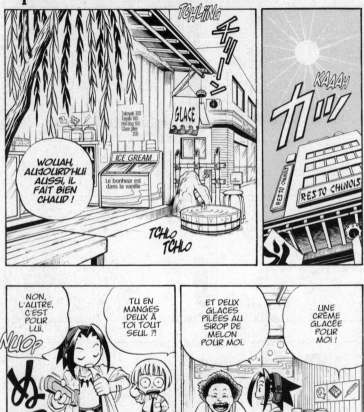

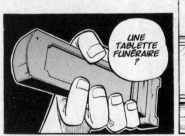

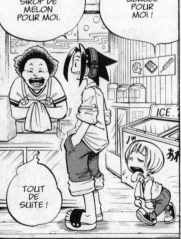

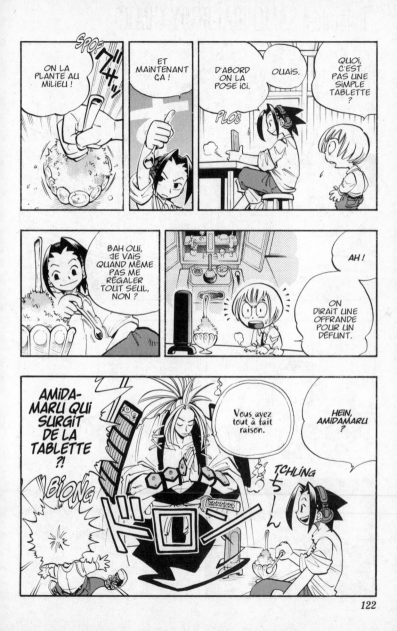

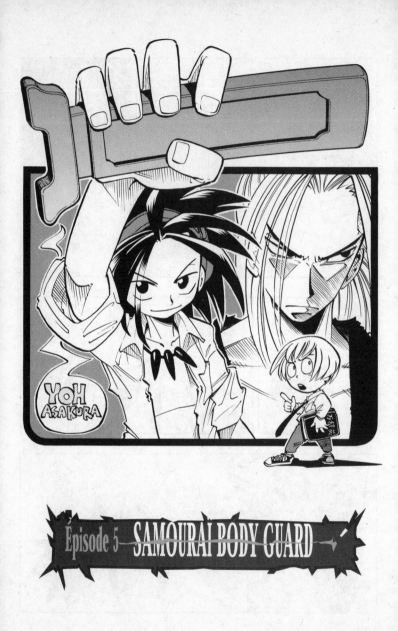

Épisode 5 SAMOURAI BODY GUARD

UNE TABLETTE OU UNE TOMBE, C'EST UN PEU COMME UNE MAISON POUR LES FANTÔMES.

UN FANTÔME DANS LA TABLETTE, JE M'Y ATTENDAIS PAS.

TCHLING

J'SUIS SCIÉ !

Takoyaki Okonomiyaki Taiyaki Hot-dog

SHRAC SHRAC

J'ARRIVE PAS À IMAGINER QU'ON PUISSE VIVRE TOUT LE TEMPS AVEC UN FANTÔME.

TOUJOURS PRÈS DE LUI ?

En plus, la tablette est portable. comme ça je peux toujours être proche du maître, c'est pratique.

IL FAUT BIEN QU'IL SE REPOSE QUELQUE PART.

TU TE SOUVIENS QU'ON A CASSÉ SA TOMBE !?

DE FAÇON RADICALE ?

LE MATIN, IL ME RÉVEILLE DE FAÇON IMPARABLE ET RADICALE.

QU'EST-CE QUE TU RACONTES ?! C'EST UN PRIVILÈGE FORMIDABLE.

SPOM

124

M'OUAIS...

C'EST VRAI QUE C'EST AUSSI UN SAMOURAÏ.

QUAND JE SUIS ENNUYÉ PAR DES VOYOUS, JE N'AI JAMAIS PEUR.

OUAIS...

C'EST VRAI QUE C'EST UN FANTÔME.

QUAND JE CHERCHE MON CHEMIN, IL ME GUIDE DU CIEL.

HEIN ?

MAIS POURTANT, C'EST LUI LE FANTÔME !!

ET MÊME QUAND JE VAIS AUX TOILETTES, LA NUIT, GRÂCE À LUI, JE N'AI PLUS PEUR.

...!

UN BODY GUARD...

EN TOUT CAS, POUR MOI, AMIDAMARU EST...

... LE BODY GUARD IDÉAL.

Je suis un garde du corps !

Oui, c'est ça !

OUI, UN GARDE DU CORPS.

Beau dit ?! La gare de quoi ?!

UN SAMOURAÏ EN GARDE DU CORPS... QUELQU'UN QUI EST TOUJOURS LÀ POUR TE PROTÉGER.

AH BAH, SI ÇA TE PLAÎT, C'EST CHOUETTE.

Pour un samouraï, c'est un grand honneur de pouvoir protéger son maître !

UN GRANDE RELATION DE CONFIANCE ENTRE UN SHAMAN ET UN SAMOURAÏ...

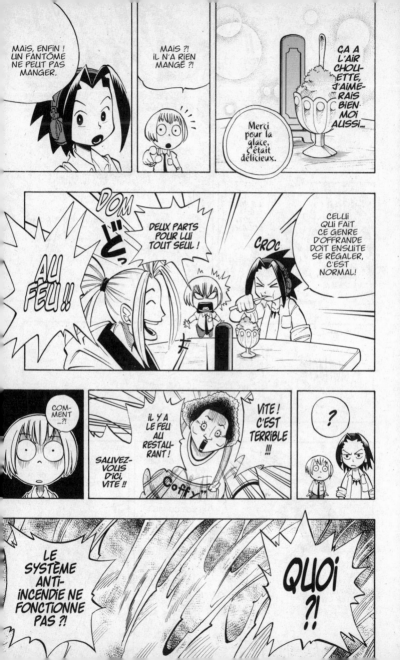

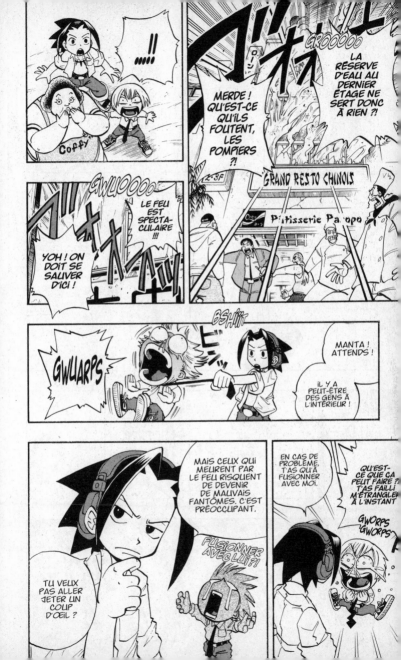

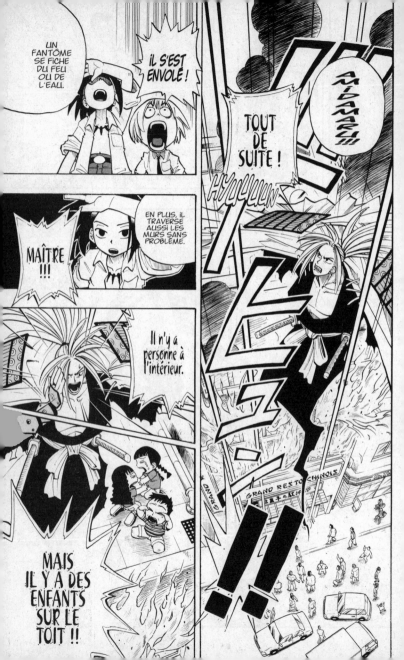

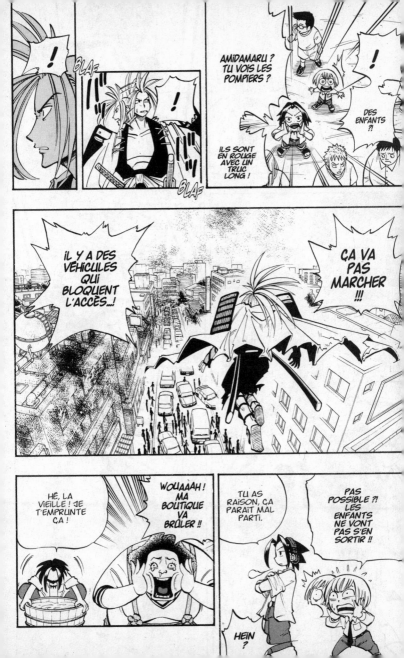

EH !!
YOH ?! QU'EST-CE QUE TU...?!
SPLAAAF
バシャーン
ÇA VA DE SOI ! JE VAIS ALLER LES CHERCHER !
PAS QUESTION DE FABRIQUER DES MAUVAIS FANTÔMES !
NIN
QUOI ...?
HÉ ! AMIDAMARU !!!
TU M'EMMÈNES AU DERNIER ÉTAGE !
!

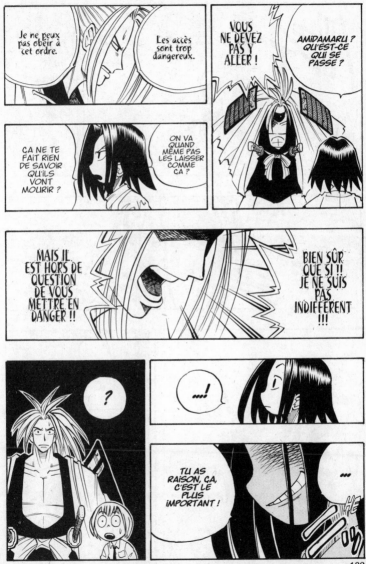

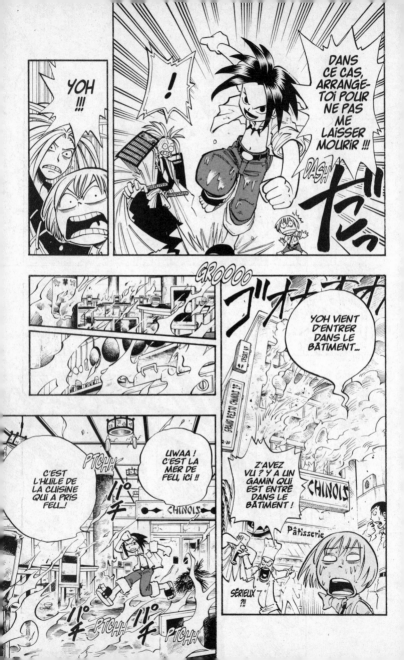

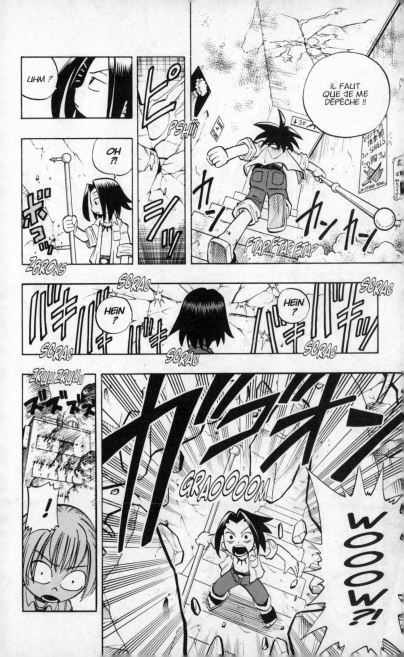

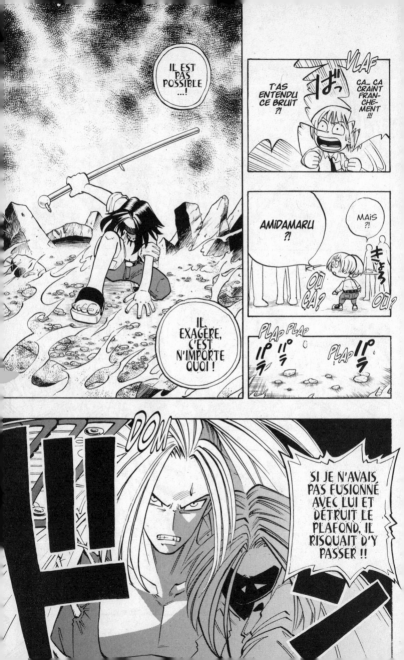

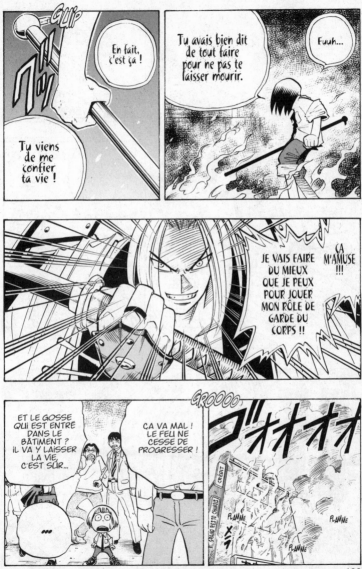

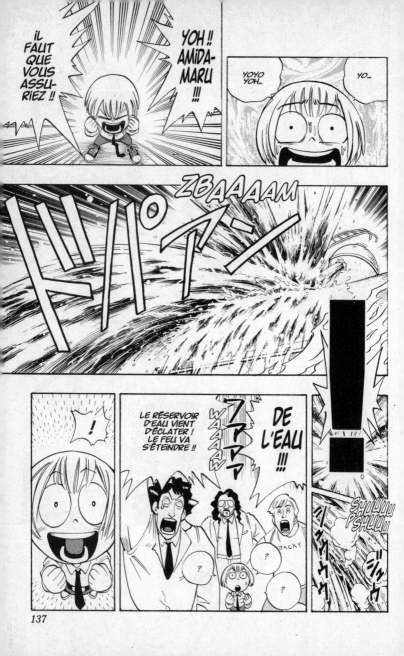

137

YOH !!

AMIDA-MARU !!

YOPS !

YOH ET AMIDAMARU ONT FUSIONNÉ ET ILS ONT FAIT ÉCLATER LE RÉSERVOIR D'EAU !!

...!!

... ça permet d'en surmonter des situations.

Mais être son garde du corps n'est pas une chose...

Avec ma technique des arts martiaux et son courage qui franchit les limites de l'enfer...

Hé

... reposante.

GRÂCE À L'INTERVENTION D'AMIDAMARU, L'AFFAIRE DE L'INCENDIE S'EST BIEN TERMINÉE. HOH HOH...

MAIS...

IL EST PAS MAL, SON FANTÔME...

PAS VRAI, BASON ?

À CET INSTANT, ON NE SE DOUTAIT PAS QU'UN GRAND DANGER S'ANNONÇAIT À NOUS.

MANTA

*OYAMADA MANTA

OYAMADA MANTA

Au collège privé de Shinra   En 1re année - 13 ans   Signe astral : Vierge
                              Né le 5 septembre   Groupe sanguin O

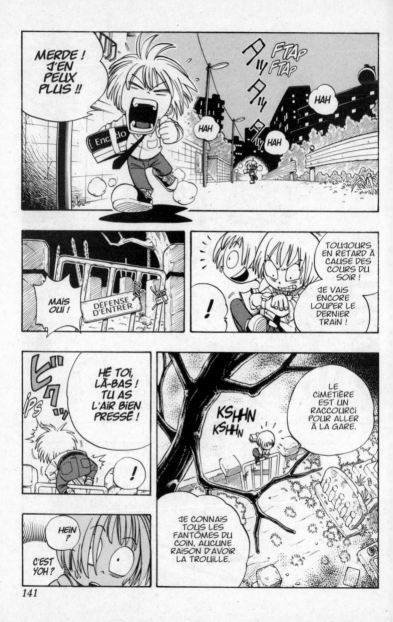

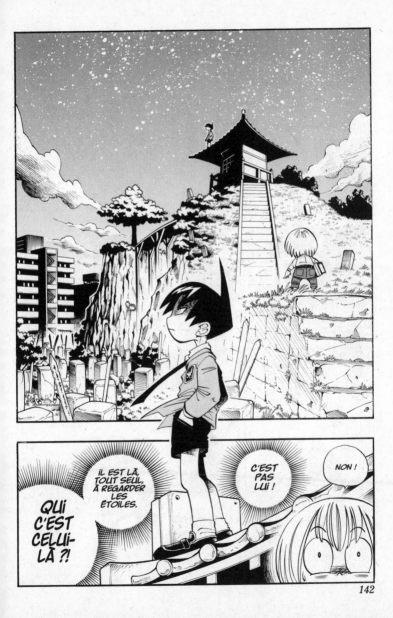

142

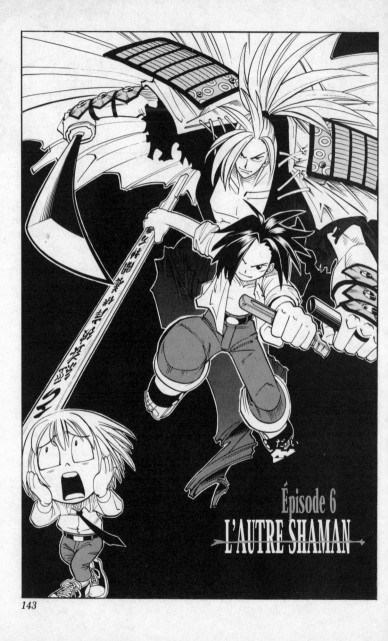

Épisode 6
L'AUTRE SHAMAN

IL Y EN A D'AUTRES...? DES GENS COMME YOH ?

...

TU TROUVES PAS QU'À TOKYO, IL N'Y A PAS DE CIEL ?

!

SI JE RENTRE PAS VITE... JE LOUPE ENCORE MON ÉMISSION...

WOUARPS ! PAS LE MOMENT DE FLÂNER !!

PIOMP

LES SOCIÉTÉS QUI NE SAVENT PAS LIRE LES ÉTOILES SONT AMENÉES À DISPARAÎTRE.

TOI AUSSI, TU FAIS PARTIE DE CES ARRIÉRÉS QUI NE LISENT PAS LES ÉTOILES ?

LES ÉTOILES SONT POUR NOUS DES SIGNAUX LUMINEUX QUI NOUS GUIDENT.

JE CROYAIS QUE TU POUVAIS ME COMPRENDRE...

MOI, JE NE PEUX PAS APPELER ÇA DES ÉTOILES.

ET COMMENT ÇA, PAS D'ÉTOILE ?! ICI, C'EST LE MEILLEUR ENDROIT POUR LES OBSERVER !

IL EST PEUT-ÊTRE MALADE, CE MEC ?

ARRIÉRÉS ?! POUR QUI TU TE PRENDS ?!

BRUIT

144

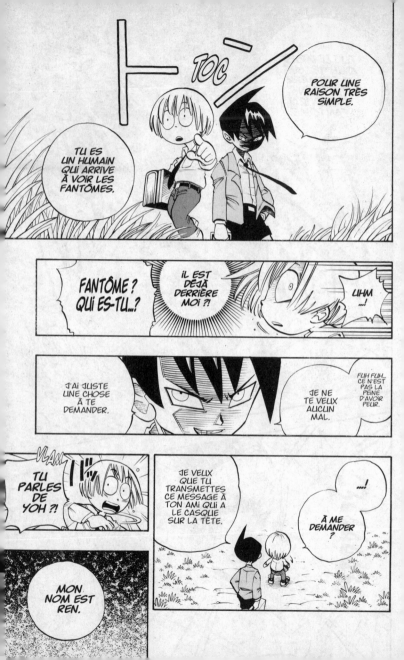

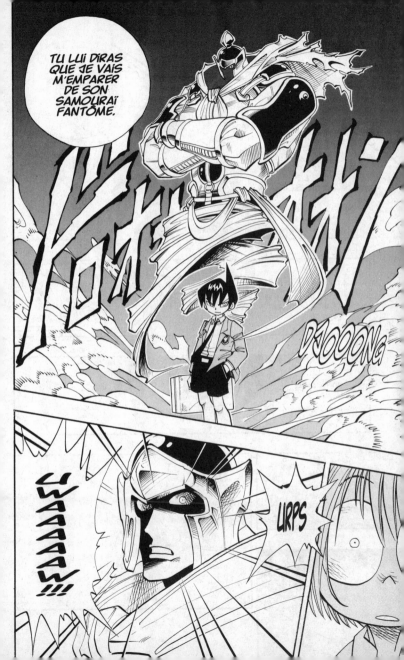

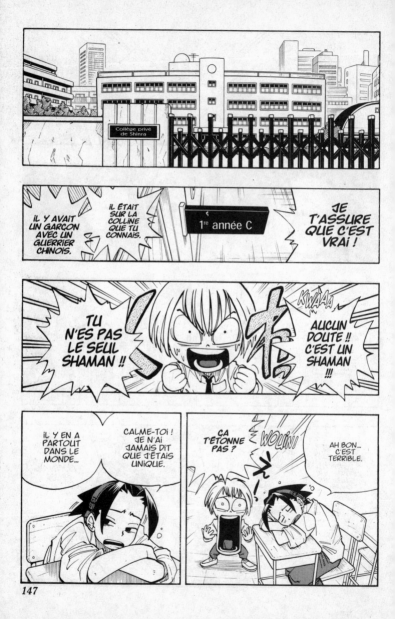

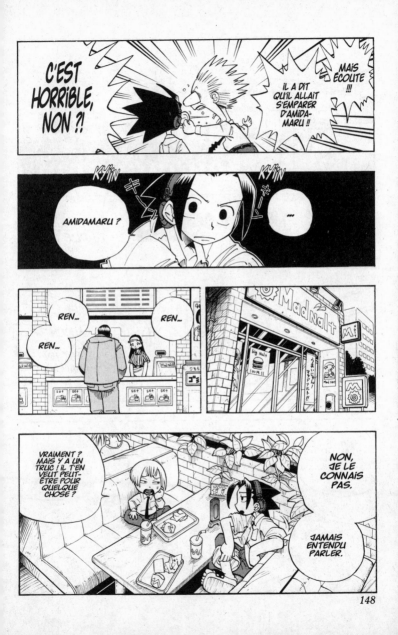

IL A DÛ ME VOIR UN JOUR AVEC AMIDAMARU.

JE T'AI EXPLIQUÉ QUE LA FORCE DU SHAMAN SE MESURE À LA QUALITÉ DES FANTÔMES DONT IL S'ENTOURE ? TIENS !

QUOI ?

NON, VRAIMENT, JE VOIS PAS... SAUF QUE...

HUMM

AMIDAMARU !

ÇA NE SE FAIT PAS DE PARLER DE SOI COMME ÇA.

OUAIS.

OUPS

Je vois, un fantôme de ma qualité, ça l'intéresse.

BIONG

EHE HÉ HE, AUCUN PROBLÈME.

ET CE GARÇON, REN... IL A UN REGARD QUI SEMBLE MALÉFIQUE. ÇA VA ALLER ?

IL AVAIT L'AIR TRÈS BALAISE.

Je suis un samouraï japonais...

Mais je suis intrigué par le guerrier chinois qui est avec lui.

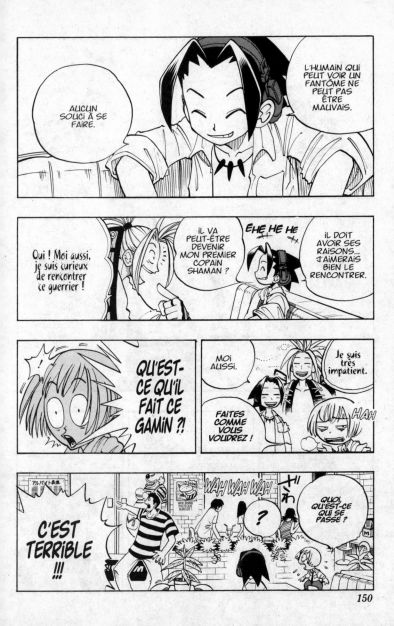

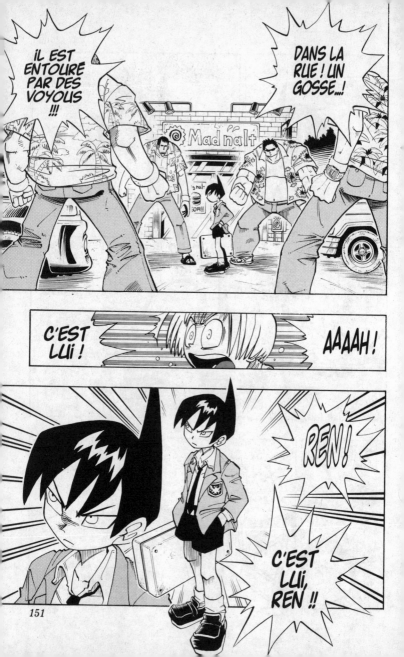

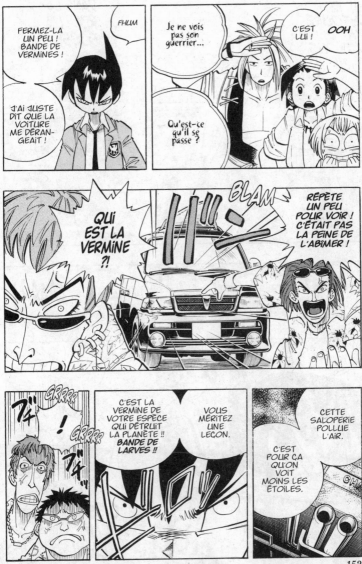

152

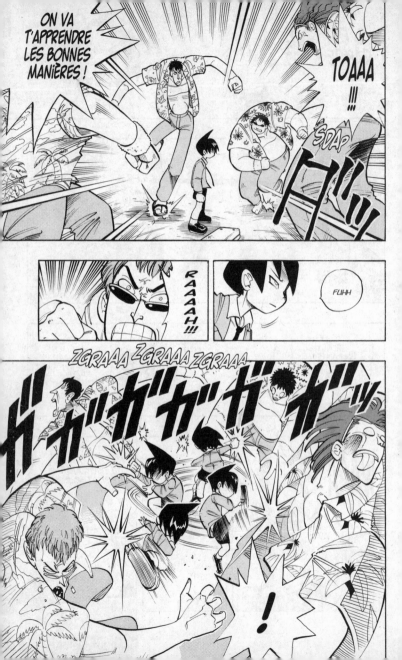

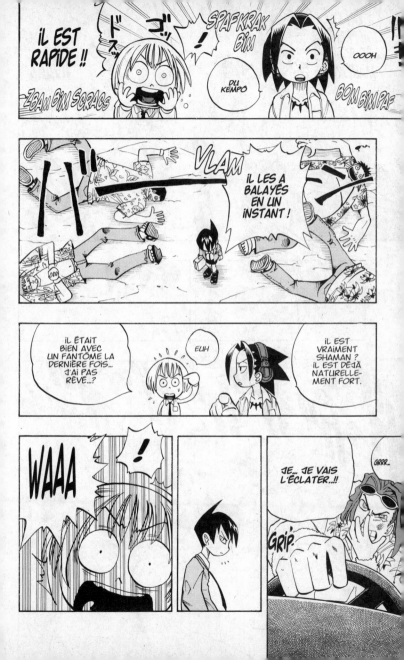

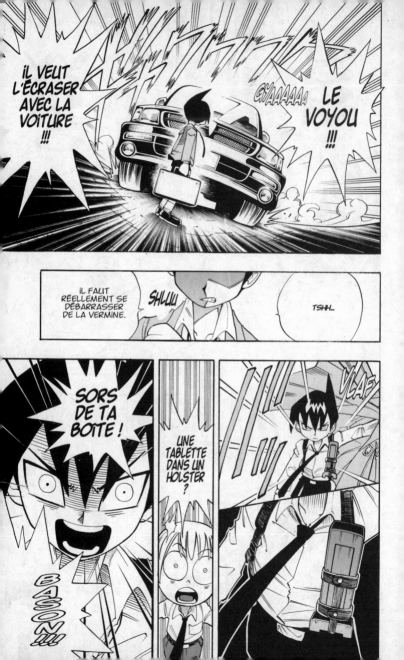

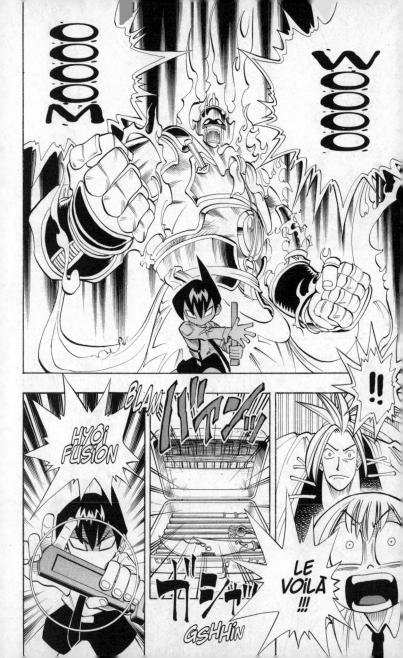

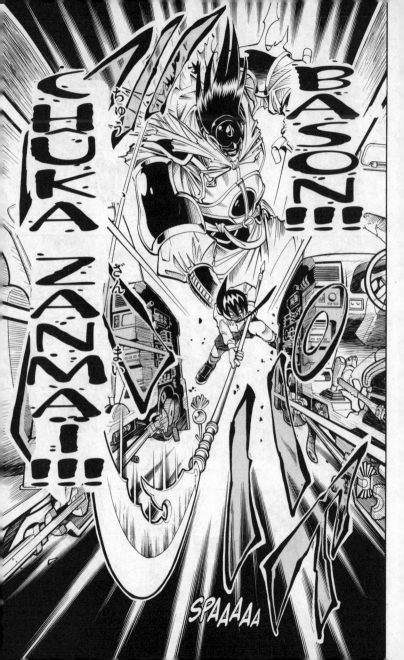

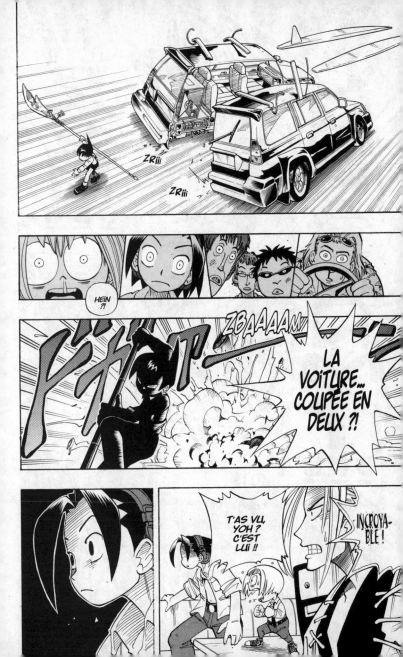

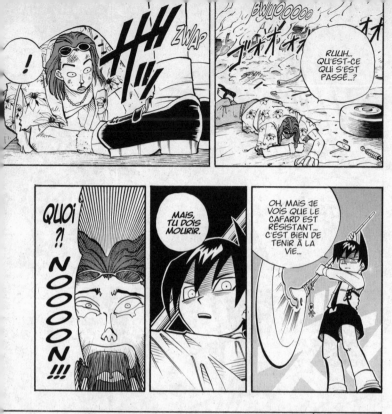

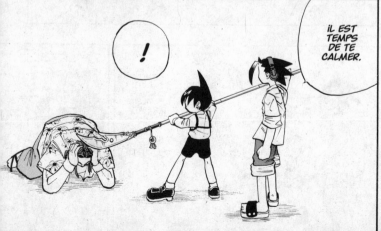

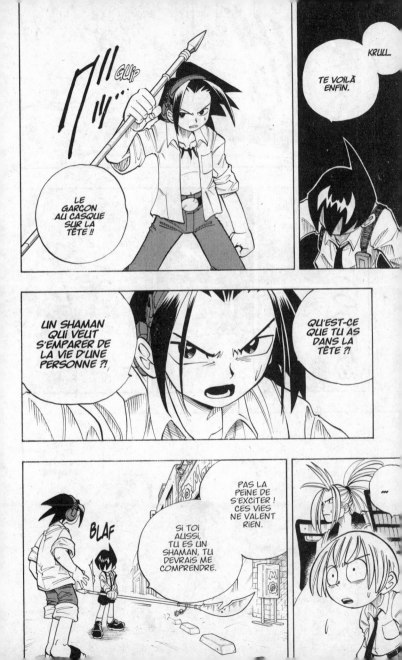

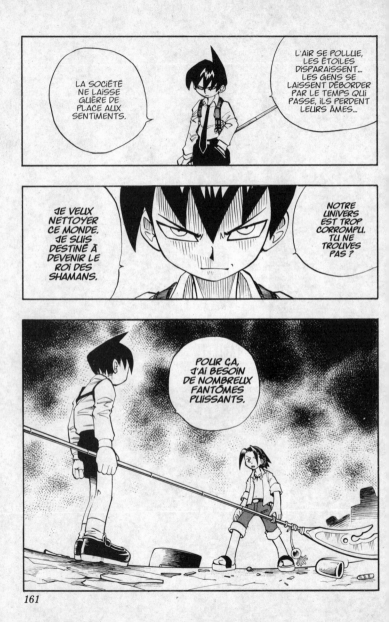

SHAMAN
KING
1

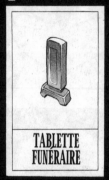

TABLETTE
FUNÉRAIRE

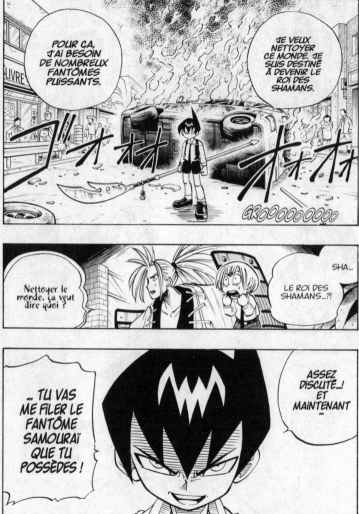

Épisode 7 SHAMAN X SHAMAN

PAS QUESTION.

COM- MENT ?

TU VEUX PEUT-ÊTRE QUE JE TE DISE "S'IL TE PLAÎT" ?

ET D'ABORD, TU TE PRENDS POUR QUI POUR PARLER COMME ÇA ?!

ÇA COMMENCE À BIEN FAIRE.

TU RACONTES N'IMPORTE QUOI DEPUIS TOUT À L'HEURE !

JE T'INTERDIS D'EN PARLER COMME D'UN OBJET !

C'EST PAS ÇA !

AMIDAMARU EST UN AMI !

164

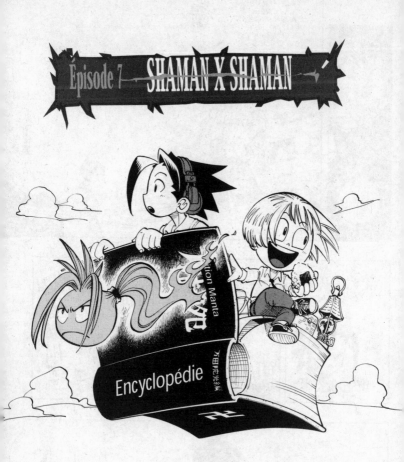

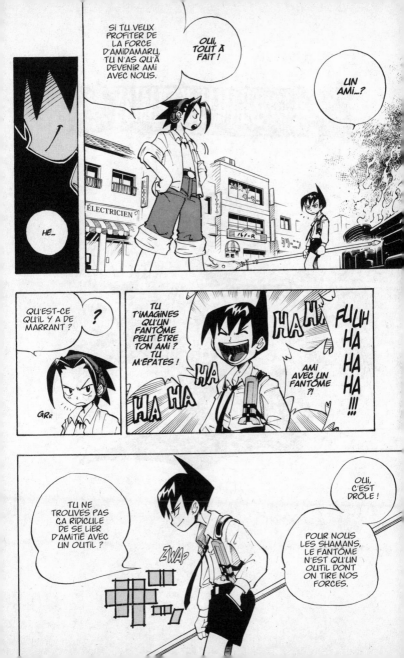

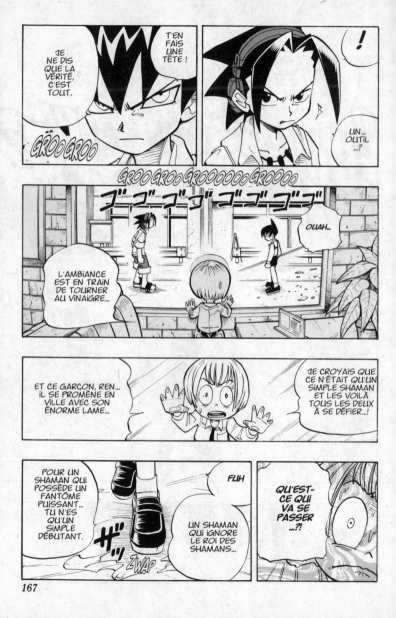

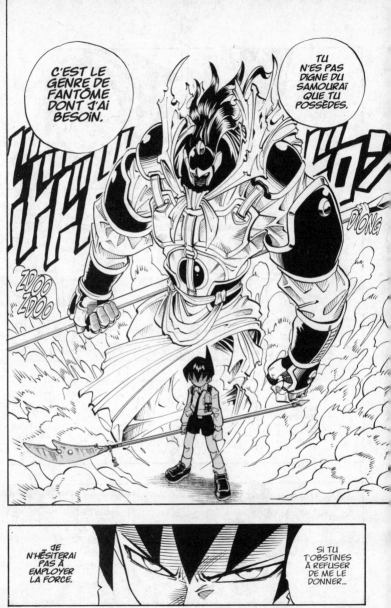

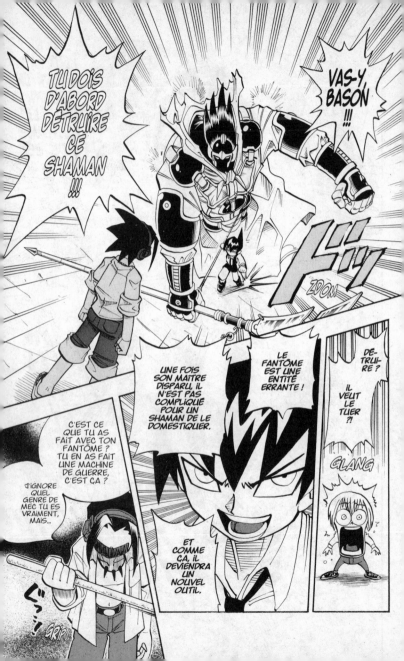

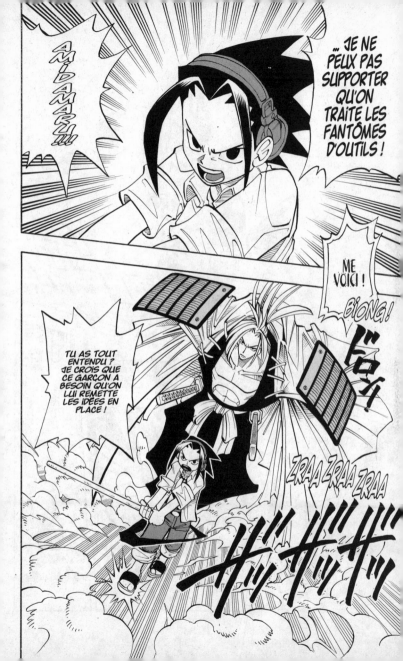

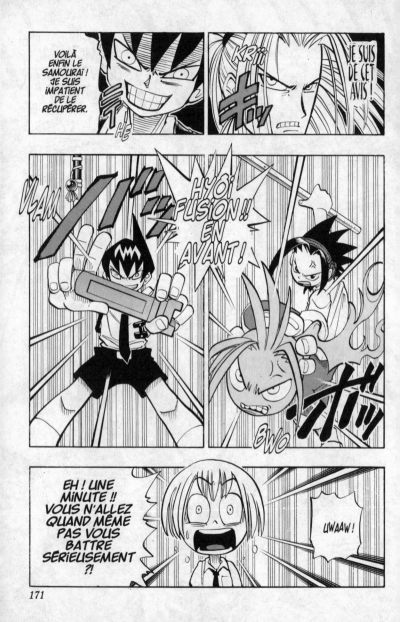

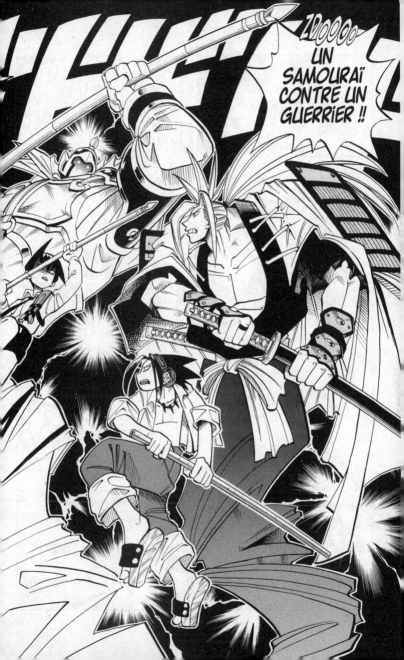

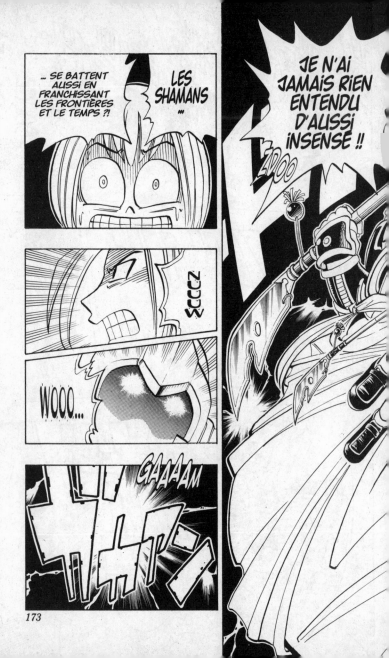

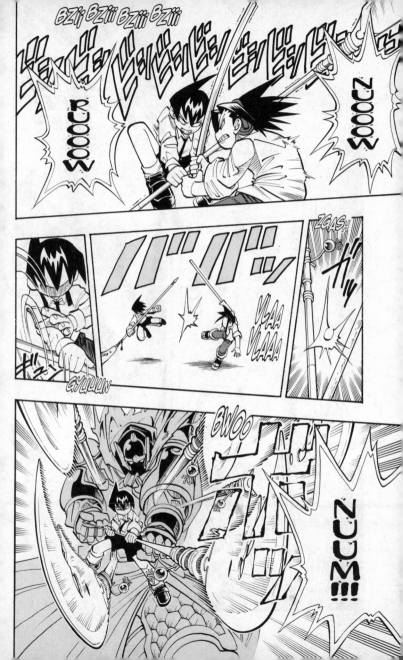

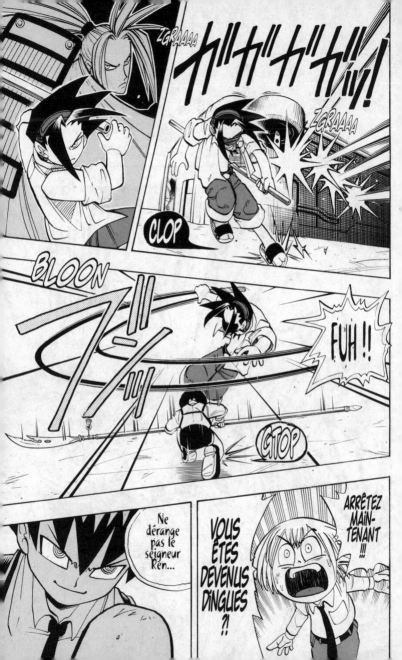

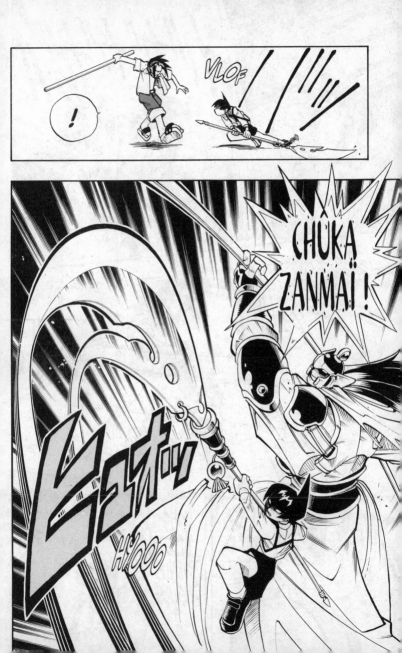

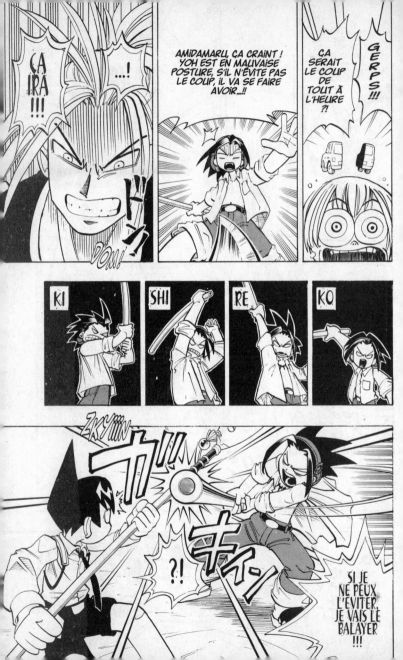

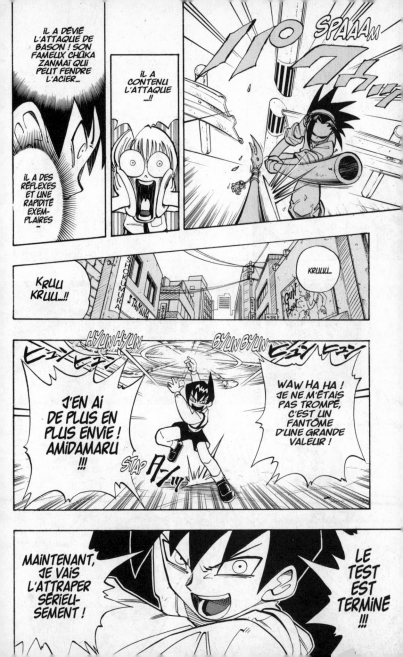

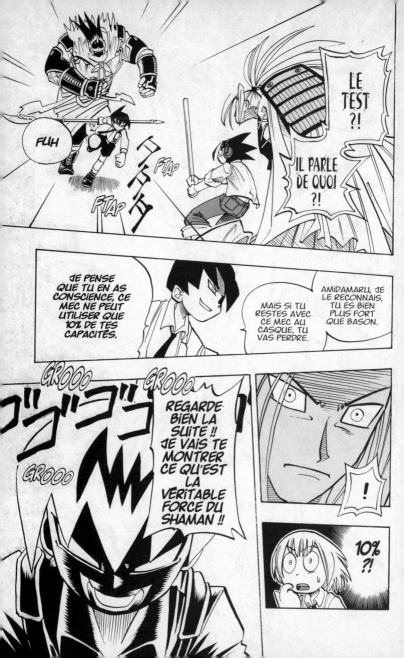

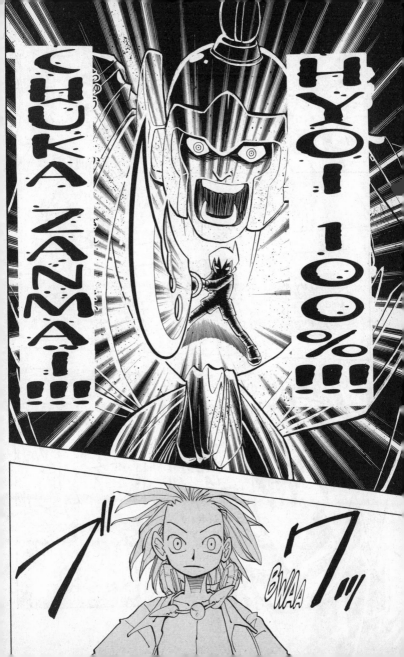

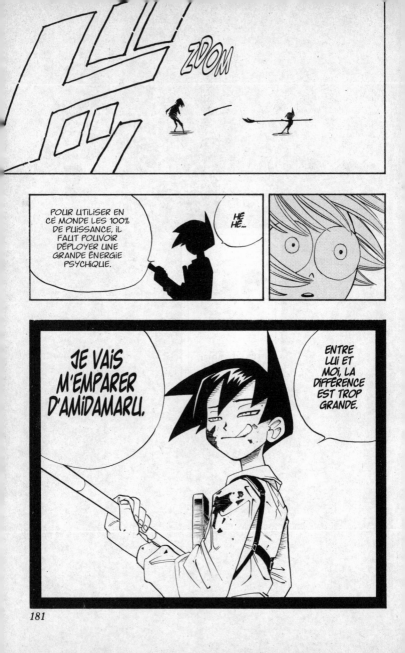

181

SHAMAN
KING
1

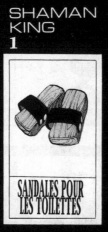

SANDALES POUR
LES TOILETTES

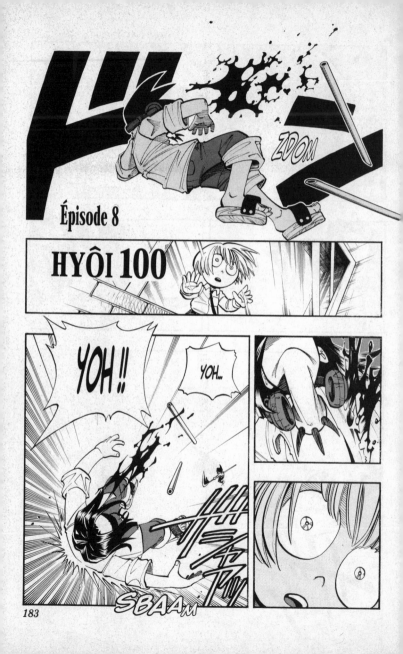

Épisode 8

HYÔI 100

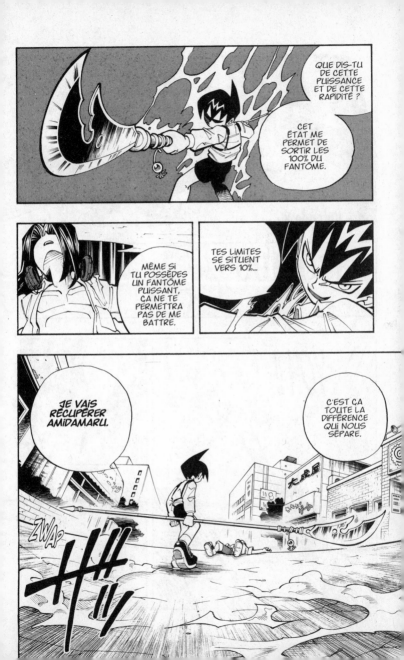

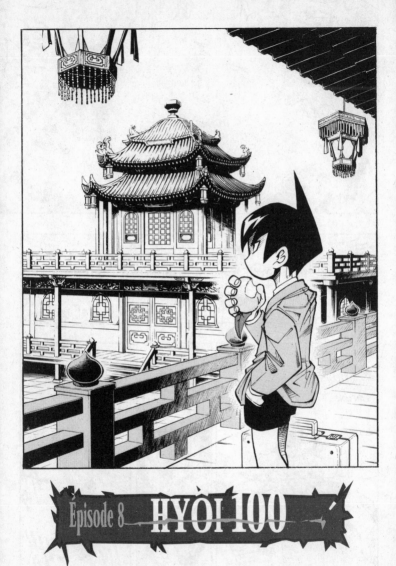

Épisode 8 — HYOI 100

YOH ET AMIDAMARU... ONT PERDU ?!

J'Y COMPRENDS PLUS RIEN !!

あぁぁぁぁ あぁ WAAAAw

COMMENT POURRAIT-IL DOMINER SON FANTÔME ?

UN GAMIN QUI PRÉTEND ÊTRE AMI AVEC UN FANTÔME !

UN SHAMAN QUI NE PEUT PAS DOMINER SON FANTÔME NE SAURA JAMAIS S'EN SERVIR.

TROP NAÏF !

HE

ZWAP

ZWAP

ZWAP

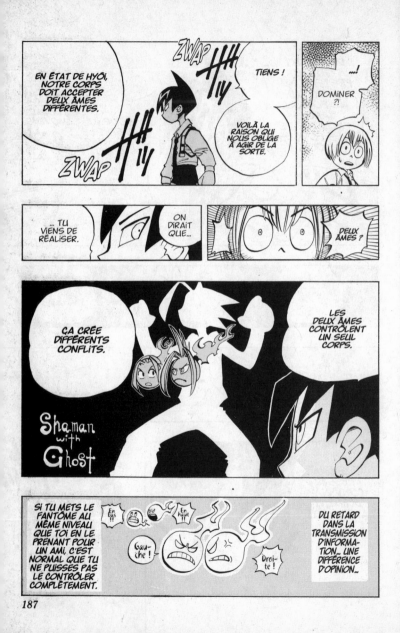

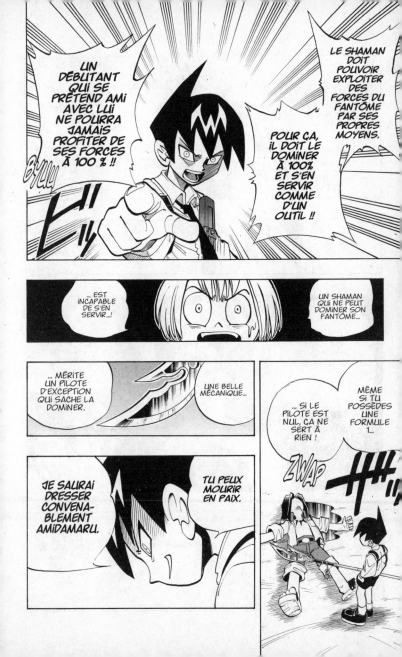

AMIDAMARU N'EST PAS UNE MACHINE !!

GROGNE!

ムフ…!

TU ESPÈRES TOUJOURS L'UTILISER COMME UN OUTIL ?

JE T'AI DÉJÀ DIT QU'AMIDAMARU EST UN AMI.

...

FUH

VLUM

JE SAIGNE BEAUCOUP... SI AMIDAMARU N'AVAIT PAS RETENU LE COUP, JE PERDAIS MON BRAS.

IL TE RESTE ENCORE DES FORCES POUR TE RELEVER ?!!

GRRR...

VLAM YO...

YOH !!!

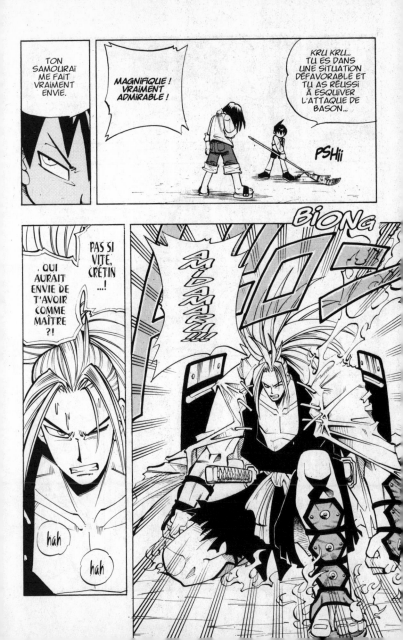

TU AS VU DANS QUEL ÉTAT EST TON MAÎTRE ?

MÊME SI TU FUSIONNES À LA PROCHAINE ATTAQUE, TU N'AS PLUS LES MOYENS DE L'ESQUIVER.

QUE COMPTES-TU FAIRE DANS CET ÉTAT ?

NE DIS PAS DE BÊTISE, AMIDAMARU, TU ES TRÈS FORT.

Maître ! Vous devez accepter mes excuses ! Si seulement j'avais été plus fort...

Grrru !!!

ASHUP !

C'EST MOI QUI N'AI PAS ÉTÉ À LA HAUTEUR, JE SUIS MAL TOMBÉ, C'EST TOUT.

AMIDAMARU, JE NE PENSE PAS GAGNER CONTRE LUI, IL FAUT QUE TU TE SAUVES D'ICI.

Yoh...

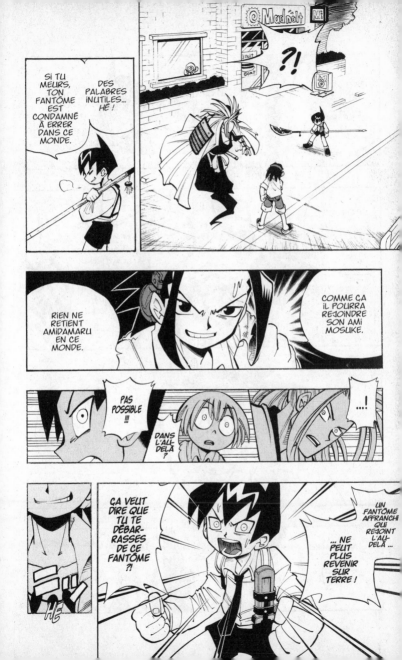

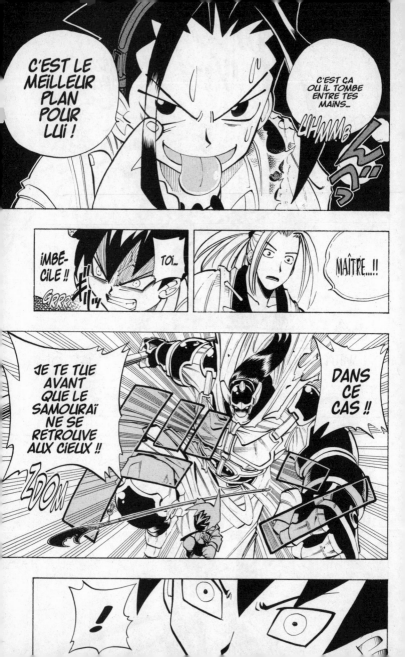

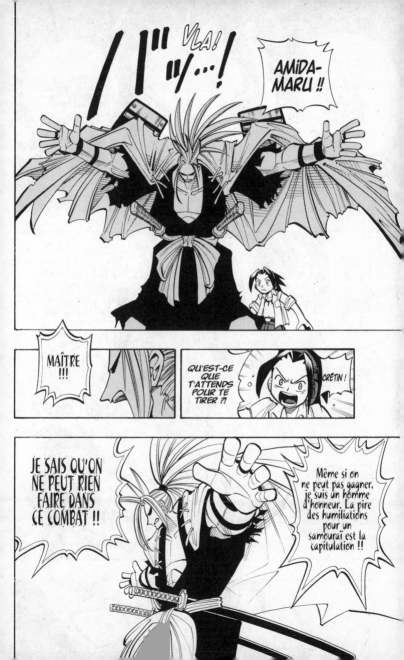

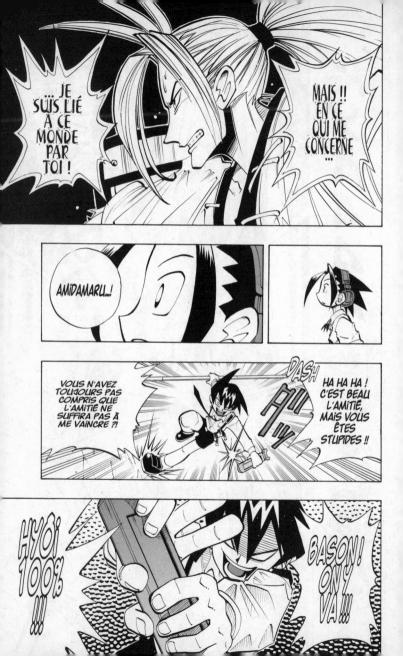

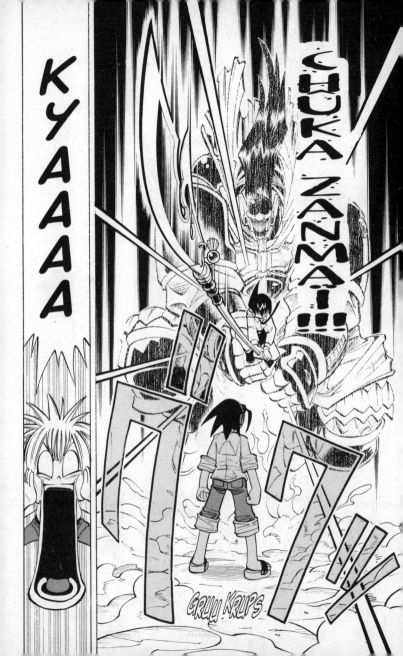

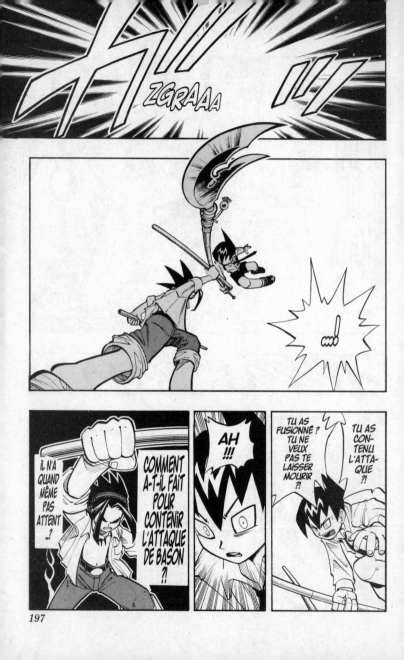

footer: 197

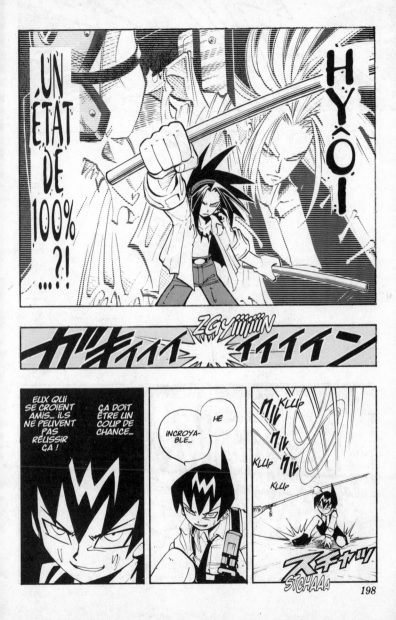

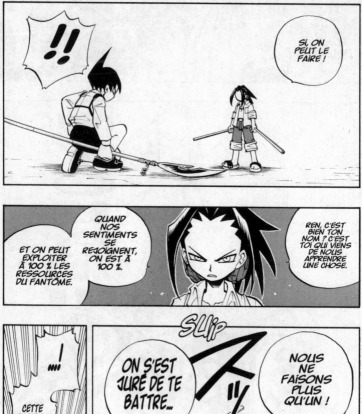

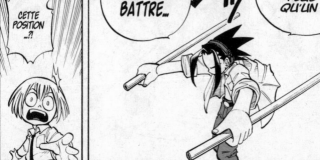

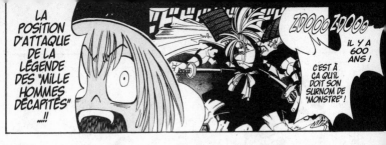

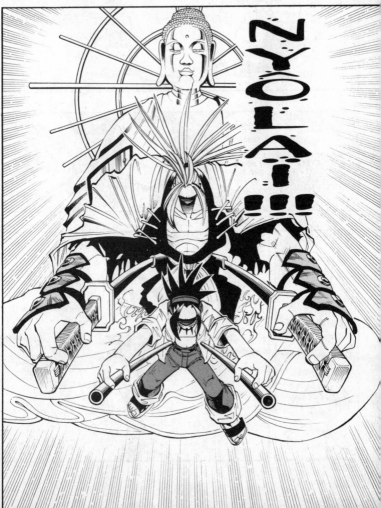

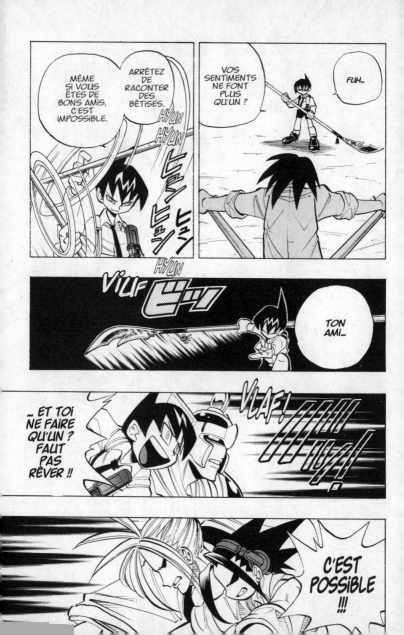

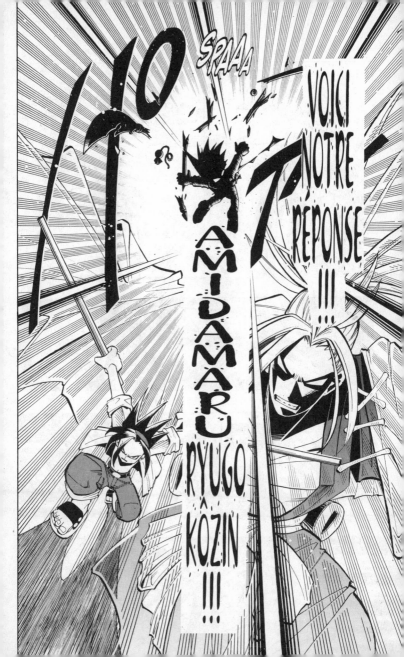

C'EST INCROYABLE...

LUI AUSSI ...?

LE HYÔI À 100%

... UN SHAMAN KING ?

IL POSSÈDE LES CAPACITÉS POUR DEVENIR...

LA BATAILLE EST TERMINÉE.
QUEL SENS DONNER À CE COMBAT ?
QU'EST-CE QU'UN SHAMAN KING ?
QUI EST RÉELLEMENT YOH ?
JE CROIS QUE J'IGNORE ENCORE BEAUCOUP DE CHOSES DES SHAMANS.

MANTA

CELUI QUI DANSE AVEC LES FANTÔMES. Fin

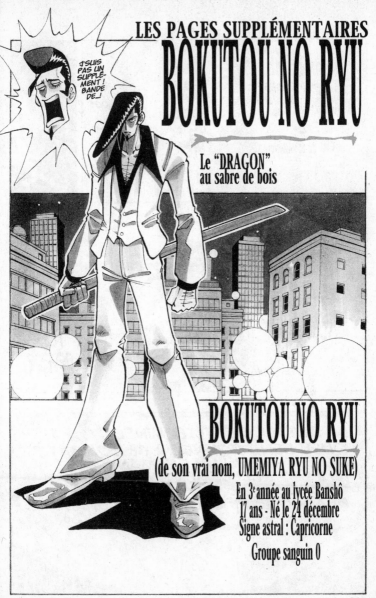

LES PAGES SUPPLÉMENTAIRES

BOKUTOU NO RYU

Le "DRAGON"
au sabre de bois

BOKUTOU NO RYU

(de son vrai nom, UMEMIYA RYU NO SUKE)

En 3ᵉ année au lycée Banshô
17 ans - Né le 24 décembre
Signe astral : Capricorne

Groupe sanguin O

MUSCLE PUNCH
C'est aussi un surnom.
Ryu décide également
des surnoms donnés
à ceux de la bande.

De gauche à droite
APACHE
SPACE SHOT
C'est un duo qui
s'embrouille souvent
dans les ordres reçus...

De gauche à droite
FREE DAY
DEATH MACHINE
BLUE SHADOW
JUNK FOOD
et SILVER SUN

NE
T'APPROCHE
SURTOUT
PAS DE
LUI !

LE
MONSIEUR,
IL A LE
VENTRE
À L'AIR !

BALL BOY
Relativement âgé mais
très jeune d'esprit.
En fait, il craint les
mères de famille !!
Un gentil garçon
en réalité !!

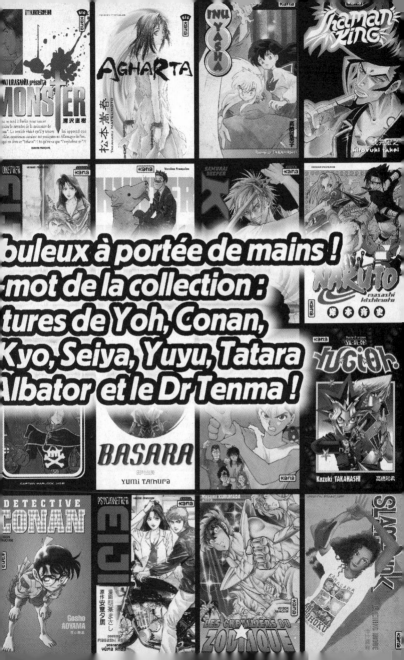

...buleux à portée de mains !
...mot de la collection :
...tures de Yoh, Conan,
...Kyo, Seiya, Yuyu, Tatara
...Albator et le Dr Tenma !

Kana c'est tout un univers
Diversité est le maît...
plongez dans les av...
Yûgi, Gon, Sakuragi, Ei...
Kagome, Naruto, Rae...

SHAMAN KING

© DARGAUD BENELUX 2000
© DARGAUD BENELUX (DARGAUD-LOMBARD s.a.) 2003
7, avenue P-H Spaak - 1060 Bruxelles
5ème édition

© 1998 by Hiroyuki Takei
All rights reserved
First published in Japan in 1998 by Shueisha Inc., Tokyo
French translation rights in France arranged by Shueisha Inc.
Première édition Japon 1998

Tous droits de traduction, de reproduction et d'adaptation strictement réservés
pour la France, la Belgique, la Suisse, le Luxembourg et le Québec.

Dépôt légal d/2000/0086/60
ISBN 2-87129-277-9

Conception graphique : Les Travaux d'Hercule
Traduit et adapté en français par Tisabo
Lettrage : Eric Montésinos

Imprimé en Italie par G. Canale & C. S.p.A. - Borgaro T.se (Torino)